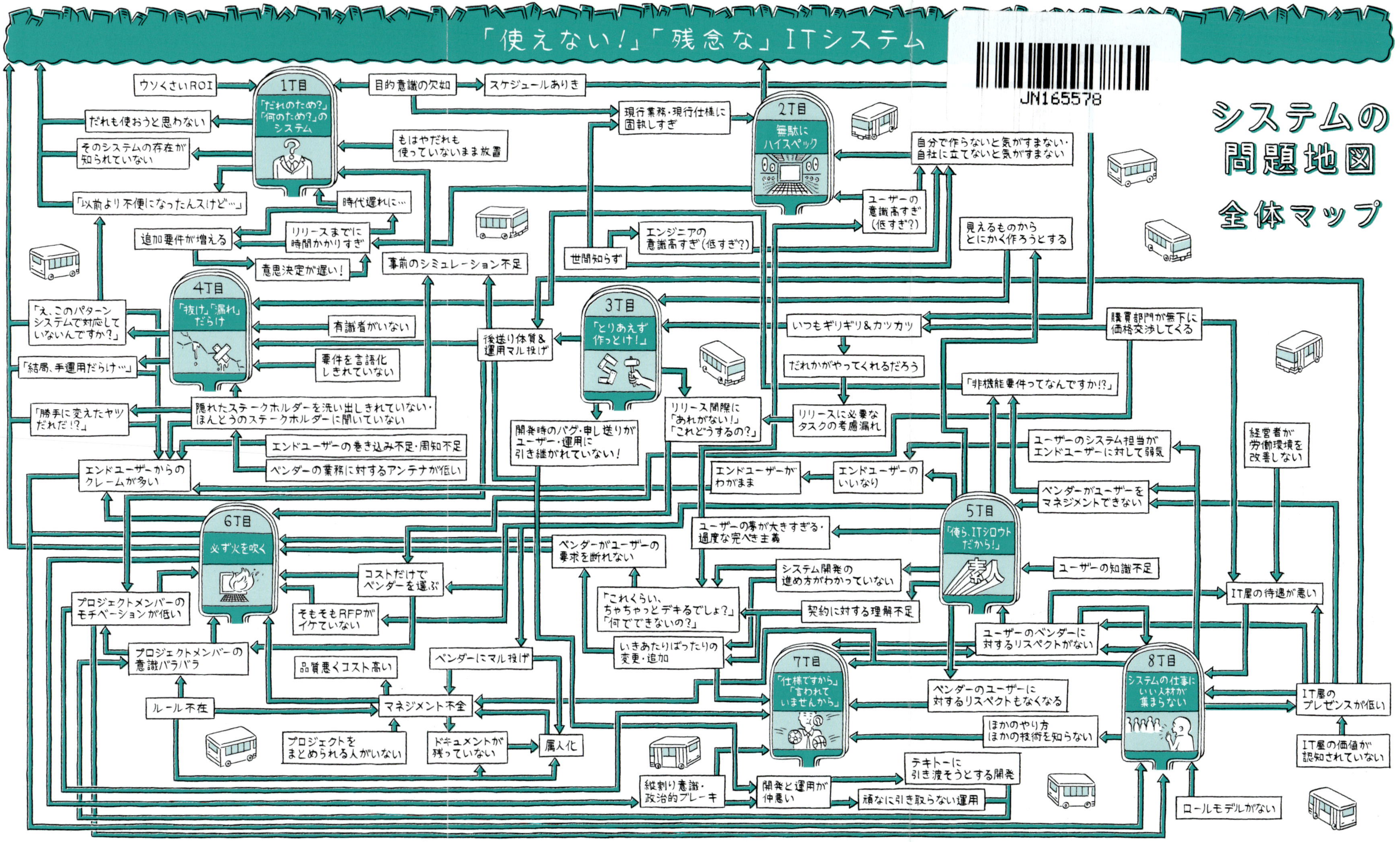
「使えない！」「残念な」ITシステム
システムの問題地図
全体マップ
1丁目
「だれのため？」「何のため？」のシステム
2丁目
無駄にハイスペック
3丁目
「とりあえず作っとけ！」
4丁目
「抜け」「漏れ」だらけ
5丁目
「俺ら、ITシロウトだから！」
素人
6丁目
必ず火を吹く
7丁目
「仕様ですから」「言われていませんから」
8丁目
システムの仕事にいい人材が集まらない
ウソくさいROI
目的意識の欠如
スケジュールありき
だれも使おうと思わない
そのシステムの存在が知られていない
もはやだれも使っていないまま放置
現行業務・現行仕様に固執しすぎ
自分で作らないと気がすまない・自社に立てないと気がすまない
「以前より不便になったんスけど…」
時代遅れに…
追加要件が増える
リリースまでに時間かかりすぎ
意思決定が遅い！
事前のシミュレーション不足
ユーザーの意識高すぎ（低すぎ？）
エンジニアの意識高すぎ（低すぎ？）
世間知らず
見えるものからとにかく作ろうとする
「え、このパターンシステムで対応していないんですか？」
有識者がいない
後送り体質&運用マル投げ
いつもギリギリ&カツカツ
購買部門が無下に価格交渉してくる
要件を言語化しきれていない
「結局、手運用だらけ…」
だれかがやってくれるだろう
「非機能要件ってなんですか!?」
「勝手に変えたヤツだれだ!?」
隠れたステークホルダーを洗い出しきれていない・ほんとうのステークホルダーに聞いていない
開発時のバグ・申し送りがユーザー・運用に引き継がれていない！
リリース間際に「あれがない！」「これどうするの？」
リリースに必要なタスクの考慮漏れ
エンドユーザーの巻き込み不足・周知不足
ユーザーのシステム担当がエンドユーザーに対して弱気
経営者が労働環境を改善しない
ベンダーの業務に対するアンテナが低い
エンドユーザーがわがまま
エンドユーザーのいいなり
エンドユーザーからのクレームが多い
ベンダーがユーザーをマネジメントできない
ユーザーの夢が大きすぎる・過度な完ぺき主義
ベンダーがユーザーの要求を断れない
システム開発の進め方がわかっていない
ユーザーの知識不足
コストだけでベンダーを選ぶ
「これくらい、ちゃちゃっとデキるでしょ？」「何でできないの？」
IT屋の待遇が悪い
プロジェクトメンバーのモチベーションが低い
そもそもRFPがイケていない
契約に対する理解不足
ユーザーのベンダーに対するリスペクトがない
プロジェクトメンバーの意識バラバラ
いきあたりばったりの変更・追加
品質悪くコスト高い
ベンダーにマル投げ
ルール不在
マネジメント不全
ベンダーのユーザーに対するリスペクトもなくなる
IT屋のプレゼンスが低い
ほかのやり方ほかの技術を知らない
プロジェクトをまとめられる人がいない
ドキュメントが残っていない
属人化
テキトーに引き渡そうとする開発
IT屋の価値が認知されていない
縦割り意識・政治的ブレーキ
開発と運用が仲悪い
頑なに引き取らない運用
ロールモデルがない

システムの問題地図

「で、どこから変える？」使えないITに振り回される悲しき景色

沢渡あまね

技術評論社

はじめに
～どうして生まれる!?　「使えない」「使われない」残念な情報システム

人手でやっていたらとても終わらない、キリがない仕事を一手に引き受けてくれるスグレもの。それが情報システム（以下、システム）。メールはもちろん、営業、広報、人事、経理、CRM、購買……企業のあらゆる活動は、もはやシステムなしには成り立ちません。

しかし、すべてのシステムが重宝がられているかというと、そうではない。「残念なシステム」も存在します。


「こんなシステム、使えない！」

「かえって仕事が増えた、なんとかしてくれ」

「めんどくさい。元に戻せ」

「そんなシステムあったんですか？　だれも使ってないっすよ……」


現場から非難ごうごう。

本来、働く人をラクにするはずのシステム。現場の生産性を向上させるためのシステム。

なぜ、こんな本末転倒なことになってしまうのでしょうか？　そこにはこんな問題が潜んでいます。

- ☑「だれのため？」「何のため？」な目的
- ☑無駄に複雑で高機能
- ☑「とりあえず作っとけ！」で作られる
- ☑抜け漏れだらけの要件
- ☑何もしない、何もわからない無邪気なユーザー（システム企画部門や情報システム部門）
- ☑必ず火を吹くプロジェクト
- ☑関係者の間で言葉が違う、問題意識が違う
- ☑マネジメント不全
- ☑「言われないことはやらない」「仕様ですから」と受け身すぎるベンダー（ユーザーから請け負ってシステムを開発／運用／提供する企業）

とほほ。こんな状態で、いいシステムができるハズがありません。

では、いったいだれが悪いのか？　システムを取り巻く人たちは、それぞれ不満をもっ

ています。

まずはユーザーから……。

業務部門（システム担当）

「俺たちはシロウトなんだ。ＩＴのことなんてわからなくて当然！」

「これくらい、ちゃちゃっとスグ作れるよね？」

「徹夜してでもやれ！」

「保守費用？　そんなの、壊れないシステムを作ってくれればいらないでしょ」

情報システム部門

「費用対効果を出してくれないと動けません」

「業務のことはわかりません」

「……というわけで、業務がそう言っているから、ベンダーさんしっかりやってね。後はよろしく（マル投げ）」

「とりあえず、納期厳守で」

「（じつはＩＴのことよく知りません）」

一方、ベンダーからはこんな声が……。

営業

「はい、おっしゃられたことはなんでもやります！」

「費用については、とりあえず後で検討しましょう」

開発

「僕たちは、言われたことだけをやればいい」

「要件にありません。できません」

「ぬおっ、仕様変更。なんとしてでも阻止しろ！」

「とりあえず作ればいいんでしょ。使われるかどうかなんて知ったこっちゃない」

「運用でなんとかすればいい！」

運用

「またボロボロのシステム作りやがって……」

「マニュアル作ってくれないとできません。受けられません」

「営業が安値で受けてきやがった。こんな少人数で回せるわけがない！」
「え、そんな運用が発生するなんて聞いてない！」

いい加減にしなさい！

それぞれが、それぞれの立場で、勝手なことばかり主張している。

同じシステムを作って使う仲間同士、本来協力しあわなければいけないのに、仲違いだらけ、すれ違いだらけ。少なくともここ20年、ずっと変わっていません。

こんなことを繰り返していたら、だれも幸せにならない。なにより、スピードと生産性重視のこれからの時代、私たちは生き残っていけません。

この悲しい景色、そろそろナントカしたい！　そこで本書が生まれました。

私はこれまで、ユーザーとベンダー両方の立場を経験しました。ユーザー企業に勤務していたときは、広報部門と購買部門でユーザー代表として、情報共有基盤やＷｅｂポータル、購買システムの企画・導入・運営を。ＮＴＴデータ（いわゆるベンダー企業）では、プロジェクトリーダーの立場で、グループ会社共通の認証基盤の立ち上げと運用、そして社内とお客様向けのシステムの運用責任者（ＩＴサービスマネージャー）を務めました。

システムを「使う人」「作る人」「守る人」、いずれの立場も知っている。だからこそ、もっとお互いのことをわかり合ってほしい、寄り添ってほしい——そう思っています。

「俺たちはシロウトでいい」
「言われたことしかやらない」
「とりあえず作ればいい」

この無益な意地の張り合い、おしまいにしましょう。そんなことを続けていても、いいシステムは生まれません。何より、ユーザーもベンダーも、自分たちの価値を下げ、個人としても組織としても成長しません。「使えないシステム」を生み続けていると、いつの間にか「使えない自分たち」になってしまいます！

本書では、企業のシステムをとりまく残念な「あるある」を地図にしました。いずれも、私がユーザー部門、調達部門、情シス部門、ベンダー、運用管理者、それぞれの立場で体験し、かつ今ではクライアント先やＩＴ勉強会仲間と話していて見聞きしていることばかり。そして、「それぞれの立場でどうしたらいいか？」を提言します。

それぞれの立場で、それぞれのリアルと向き合ってください。なおかつ、自分と違う立場の人の悩みを疑似体験していただけたらうれしいです。


「だから、ウチのシステムは使えないんだ！」

「そうか、ユーザーはここに困っているのか」

「へえ、情シスの人って大変なんだね」

「ベンダーの考え方って、こうなんだ」

「そうか、こうすれば運用の人に心地よく動いてもらえるんだ」


自分たちの立場でできるところから改善していきましょう。

2017年冬

太田川ダム（静岡県森町）のほとりにて

沢渡あまね

CONTENTS

2丁目 無駄にハイスペック

3丁目 「とりあえず作っとけ！」

4丁目 「抜け」「漏れ」だらけ

5丁目 「俺ら、ITシロウトだから！」

6丁目 必ず火を吹く

7丁目

「仕様ですから」「言われていませんから」

8丁目 システムの仕事にいい人材が集まらない

おわりに

システムの問題地図

BUS

1丁目

「だれのため？」「何のため？」のシステム

行先

使えない・残念なシステム

奈川《ながわ》あずさ。大手産業機械メーカー、片桐《かたぎり》メカトロニクスの情報システム部に所属する5年目社員です。彼女はいつものように、打ち合わせで経営企画部を訪れました。

奈　川「牧尾《まきお》課長、前から気になっていたんですけれど、フロアの端っこにあるデスクトップ端末、あれ何に使っているんですか？」
牧尾課長「ああ、あれね。ウチが管理している、G‐SAM（ジーサム）に接続しているパソコンだよ」
奈　川「G‐SAMって、なんですか？」
牧尾課長「グローバル販売台数管理システム、の略だったかな？」
奈　川「（そんなシステムがあったんだ。初耳だわ）……管理しているって、ホコリかぶっていますけど」
牧尾課長「ウチは開発・運用主管部門として管理しているだけだから、ほとんど使わないんだ」
奈　川「ユーザー数も、アクセスも極端に少ないですけれど……」
牧尾課長「ははは、使い勝手悪いからね。無理やり、どこぞのパッケージソフトウェアを入れたみたいだし。画面に1つ1つ、台数の計画と実績を手入力しなくちゃならない。これが現場（営業部）から不評でね……。そもそも、営業部はExcelで売上を管理しているし。あ、後でわかったことなんだけれどね」

奈　川「Excelのデータをインポートする機能、ないんですか?」

牧尾課長「ああ。納期と予算の関係で落としたんだよ」

奈　川「画面もイケてないですよね。いつの時代のシステムだって感じ……」

牧尾課長「思ったより開発に時間がかかってね。各営業部やら経理やらが『この機能も増やせ』『これはダメだ』っていちいち文句言ってくるもんだから、遅々として先に進まなくて。ベンダーも、とりあえず言われたままひたすら作るしかしてくれなくて。で、リリースした頃には時代遅れの仕組みになってしまったわけだ」

奈　川「な、なんと……でも、これじゃ使う気しないですね。どうりでユーザー数が少ないわけだ」

牧尾課長「もともと、前の経営企画担当役員が思いつきで作ったシステムだからね。自分への報告のために。あ、いまでもごく一部の国の営業担当者は台数管理のために使っているみたいだよ。毎日、派遣さんが一生懸命データを入力しているようだね」

奈　川「……それって、費用対効果マイナスじゃないですか？　いったい、どんなROIを算出してシステム化したんだか」

牧尾課長「ははは。企画段階では、手作業がなくなる想定だったからね」

奈　川「……このシステム、なくしても問題ないんじゃないですか？（サーバもネットワーク機器ももったいない。ほかに流用したい）」

牧尾課長「あ、ダメダメ。営業管理部が文句言ってくるよ。営業部のスタッフのメールアドレスを抽出したり、管理職をリスト化するのに、G-SAMのユーザー検索画面を使っているんだって。日次の通達や、部内メルマガの発行に必要なんだそうだ」

奈　川「……（そんな使い道だけのために、このシステム残しておくんですか!?）」

なんでそんなシステムがあるの？

なぜ生まれる？「だれのため？」「何のため？」なシステム

いったい誰得!?　そんな報われないＩＴシステム、どうやって生まれるのでしょうか？

おもな原因を見てみましょう。

①システムありき
②パッケージありき
③ウソくさいＲＯＩ
④時代遅れ
⑤事前のシミュレーション不足
⑥もはやだれも使っていないまま放置

こうして「だれのため？」「何のため？」なITシステムが今日も産声をあげる

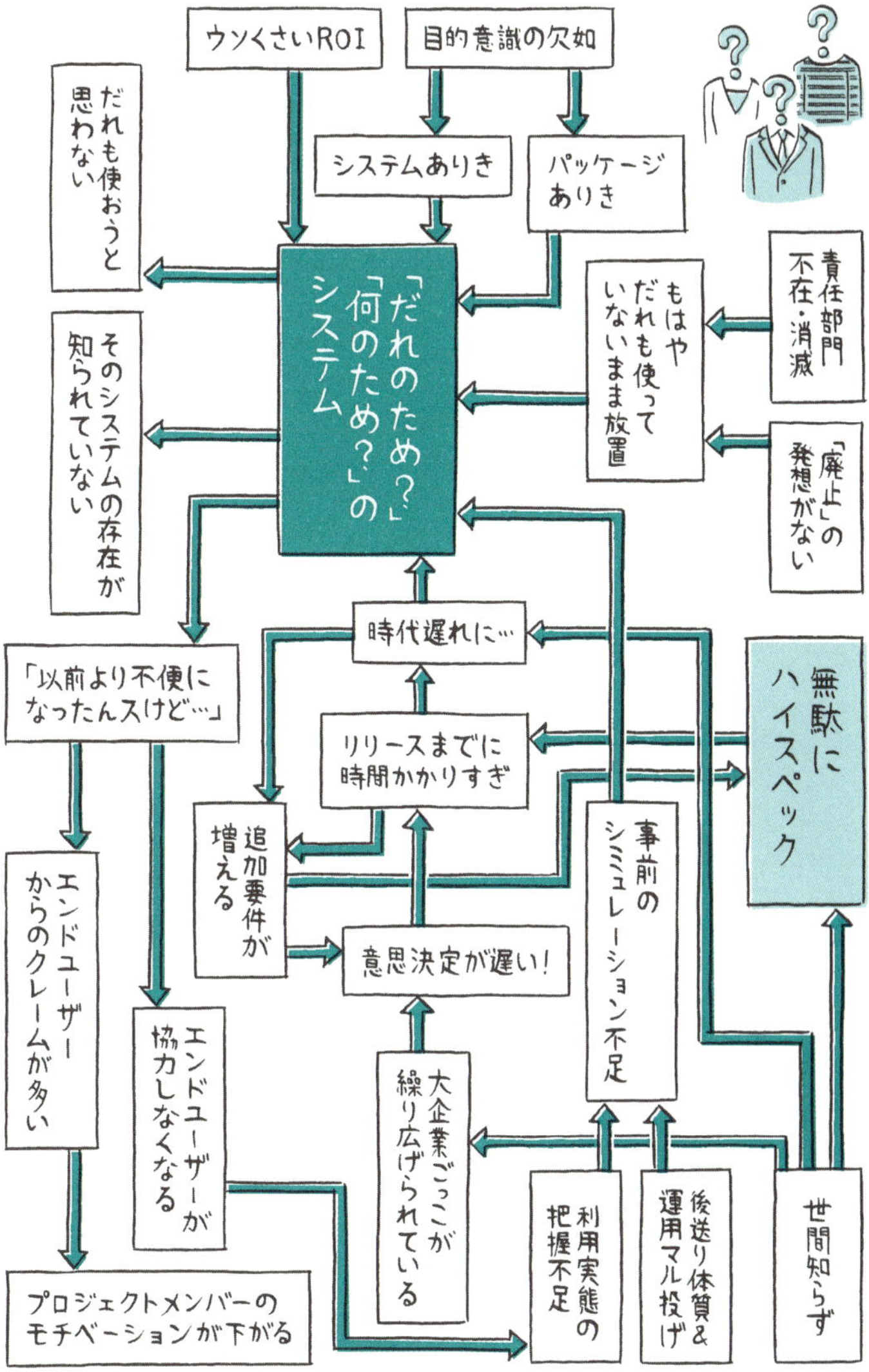

①システムありき

システムさえ作れば、すべての問題が解決する（と思っている）。

おエラいさんや声の大きい現場の部門が「システムを導入しろ」と言っているから、言われるがままにシステム化する。

背景や理由なんて、聞いてはいけない。私たちは、決してNOとは言わない優秀なサラリーマン。言われたことを、そのまま忠実に実行するまで。

あ、納期も厳守ですから、ベンダーさん、あとはよろしくお願いします！

なぜ、その納期か？　理由は知りません、とにかくよろしく。

ベンダー（営業）も、「受注できればそれでよし」と思っている。

お客さんに言われるがままに、システムを作って納品する。ただそれだけのこと。おっと、自社のPM（プロジェクトマネージャー）や運用担当者が「これ、システム化する意味あるんですか」と言っているって？　黙れ、黙れ！　とにかく言われたようにやってくれればそれでいいのだ。

ユーザーとベンダーが一体となって（？）、そのシステムを作ることだけが見事に目的化！

②パッケージありき

ＥＲＰパッケージ（ＳＡＰなど）やクラウドなど、パッケージソリューションが規定する仕様と業務フローに無理やりあわせてしまった。

当然、いままでの業務のやり方が変わる、いままでできていたことができなくなる。

パッケージに業務をあわせることをせずに、そのまま導入してもうまくいくハズがありません。

カスタマイズをするのも１つの方法ですが、カスタマイズを塗り重ねた厚化粧のパッケージソフトウェアやクラウドサービスを使うことに何の意味があるでしょうか？　そもそも、なぜパッケージを選んだのですか？

あ、カスタマイズすれば、その分運用や保守の費用がかかることをお忘れなく（「タダでやれ！」はご法度ですぞ）。

③ウソくさいROI

システム投資の見返りとして、どれだけの効果（売上アップ、コスト削減など）が得られるか？　それを示す指標がROI＝Return On Investment、投資対効果。

社内ルール上、システム開発を審議するときは費用対効果を示して経営の承認を得ることになっている。が、これが見事に形骸化。

「毎年アクセス数が2倍ずつ増える」
「業務効率化によって人件費が30％減る」

そんな楽観的な数字が報告資料を踊る。数字の根拠!?　聞いてはならぬ！　とにかく、神の見えざる手によってそうなるのだ。このシステムを入れれば、未来は夢色。

でもって、なぜ形骸化するかといえば……ラクだから！

お決まりのROIの算出式にさえ当てはめておけば、ROIロジックすら成りたたせれば、それでよし。いつのまにやら、ROIの数字を作ることが目的化。わざわざ現場なんて見る必要なし！　あれあれ、それでいいんでしたっけ!?（④につづく……）

そういえば、この会社って業務効率化しても、その分の社員を解雇できるわけじゃないですよね（労働組合が強いし）。あ、なるほど。浮いた人員を高付加価値業務にシフトすることで、収益拡大につながるんですね！

④時代遅れ

やっとこさ完成させたシステム。ところが……

画面も機能も古くさくて、使い勝手が悪い！
技術が古くて使い物にならない！

それはなぜか？
投資の意思決定が遅いから！

ベンダー決定にやたら時間がかかる。
要件がなかなか決まらない。
仕様変更や要件追加がとめどなく繰り返される……

システム化を決めてから、リリースするまでに間が空きすぎる。とりわけ、システム化する／しないの意思決定の遅さは致命的。発注側の企業の、おのおのの関連部署がそれぞれ自分たちの正義を主張して、なかなか前に進まない。外資系コンサルに入れ知恵されたのか、やれ「全体最適」だ「ガバナンス」だ、大企業ごっこさながらの美辞麗句で難癖をつけ、行く手を阻むおエライさんたち（彼らは仕事した気になっている）。システム開発のGOが出なくて待たされたままのプロジェクト、凍結になったプロジェクト。プロジェクトリーダー／メンバーのモチベーションはだだ下がりします（私も過去3回経験あり）。でもって、システムが完成したときには、すでに機能も技術も陳腐化している……。あるいは

「どうせ遅れるのだから、この機能も盛り込もう」

「ついでに、この機能もお願い」

「そうこうしている間に、業務のやり方が変わった（業務の責任者も変わった）。追加でこの機能も必要だな」

なし崩し的に、要件が追加される。その分、意思決定にさらに時間がかかる。このシステム、いつになったら完成する？　まるでサグラダファミリア。負のスパイラル！

⑤事前のシミュレーション不足

せめて、事前にそのシステムがどう使われるか調査しておけば、シミュレーションしておけば、こんなことにはならなかったはず。だがしかし、現場のユーザーからヒアリングできていない。プロジェクトメンバーに業務の有識者がいない。

「なんとかなるだろう」
「いいシステムだから、使われないハズがない」

プロジェクトメンバー一同、都合のいい思い込みで突っ走る。そして、残念なシステムのできあがり！

さらにこんな話も。ある大学でのこと。一昨年前に、学生と職員向けのメールシステムを更改。大規模な投資をして、期間もかけて、ようやくリリース。ところが、いざふたを開けてみると……利用者はなんと、全学生と職員の1%以下。少なっ！　聞けば、その大学では学生も職員も日常のコミュニケーション手段はＬＩＮＥなどのＳＮＳが主流。もはやメールは時代遅れ。その潮流に気づいていれば、お金をかけてまでメールシステムを更改することはなかったのでは？

以上は、新たにシステムを作るときの問題。既存システムの問題がこちら。

⑥もはやだれも使っていないまま放置

リリース当初は役割を果たしていた。ユーザーもたくさんいた（例：中長期３カ年計画の進捗を見える化するためだけの管理システム）。

だがしかし、いまはユーザーは皆無、あるいは微々たるもの。運用保守費、維持費の垂れ流し。だれも使わないシステムを、言われるがままにお守りし続ける情報システム部門、そしてベンダー。

システムの責任部門もすでに消滅。なぜか総務部門が引き取らされて、淡々と維持している。

加えて、「廃止」の発想がない。だれも「このシステム、もう閉じようぜ」と言い出さない。システムは一度作ったが最後、未来永劫回し続ける運命なのだ。こうして、だれも使わないシステムが、まるでゾンビのようにデータセンターで生き続ける……。

この切なさ、どうやったらなくせるのでしょうか?

業務設計のための5つのチカラを身につけよう

システム化とは「見えないもの」を「見えるもの」に変える取り組み。

- 目的やゴール
- 業務の流れ、進め方
- 関わる人たち(ステークホルダー)
- その業務を進めるうえでの判断基準
- 現行業務の「ムリ」「ムダ」「ムラ」

ともすればなあなあになりがちな、これらの要素を見える形にする。すなわち、業務設計力がカギ! 具体的には、次のチカラを身につけておきたいです。

①現行業務をフローに分解するチカラ

現在の業務の流れをヒアリングし、業務フロー図に可視化することができる。

②インプットとアウトプットを定義するチカラ

システムとはインプットをアウトプットに変えるもの。これから作ろうとするシステム（あるいは各々の機能）の目的／ゴールを適切にとらえつつ、インプットとアウトプットを適切に定義することができる。

③見えないステークホルダー（関係者）を特定し、メリット／デメリットを整理するチカラ

そのシステムを使う／維持運用する人たち（すなわち、ステークホルダー）を特定し、システム化する（あるいは既存のシステムに改修を加える）ことによって各々が享受するメリットとデメリットを想定することができる。

④ヒアリング能力／質問力／リフレーミング能力／言語化能力／図解能力

①②③を進めるうえで、相手のモヤモヤを言葉に変えられる、あるいは図やイラストで表現できる能力。相手の意見を引き出したり、抜け漏れを見抜いたり、気づきを促すために異なる見方を投げかける（リフレーミング）能力。

⑤「ムリ」「ムダ」「ムラ」を発見し、改善提案するチカラ

現行の業務プロセスの「ムリ」「ムダ」「ムラ」を指摘できる。システムを導入した後の、理想の業務プロセスを描ける能力。

④ ヒアリング能力・質問力・リフレーミング能力・言語化能力・図解能力

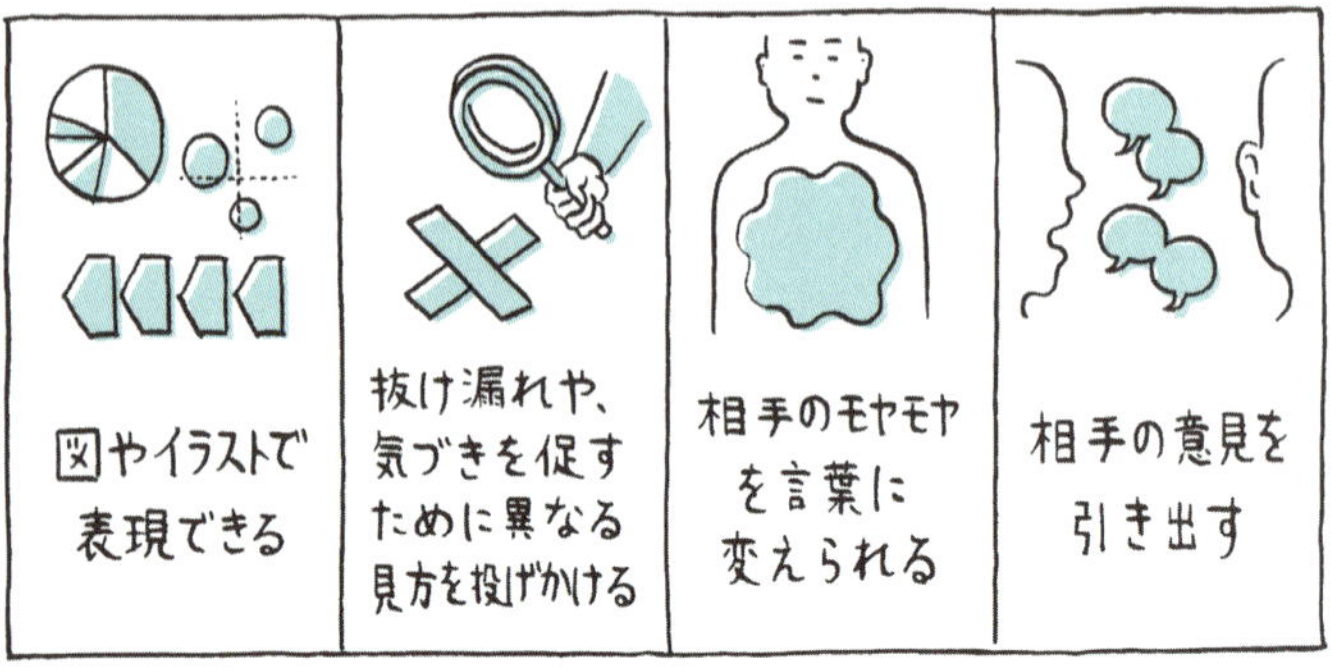

⑤ 「ムリ」「ムダ」「ムラ」を発見し、改善提案するチカラ

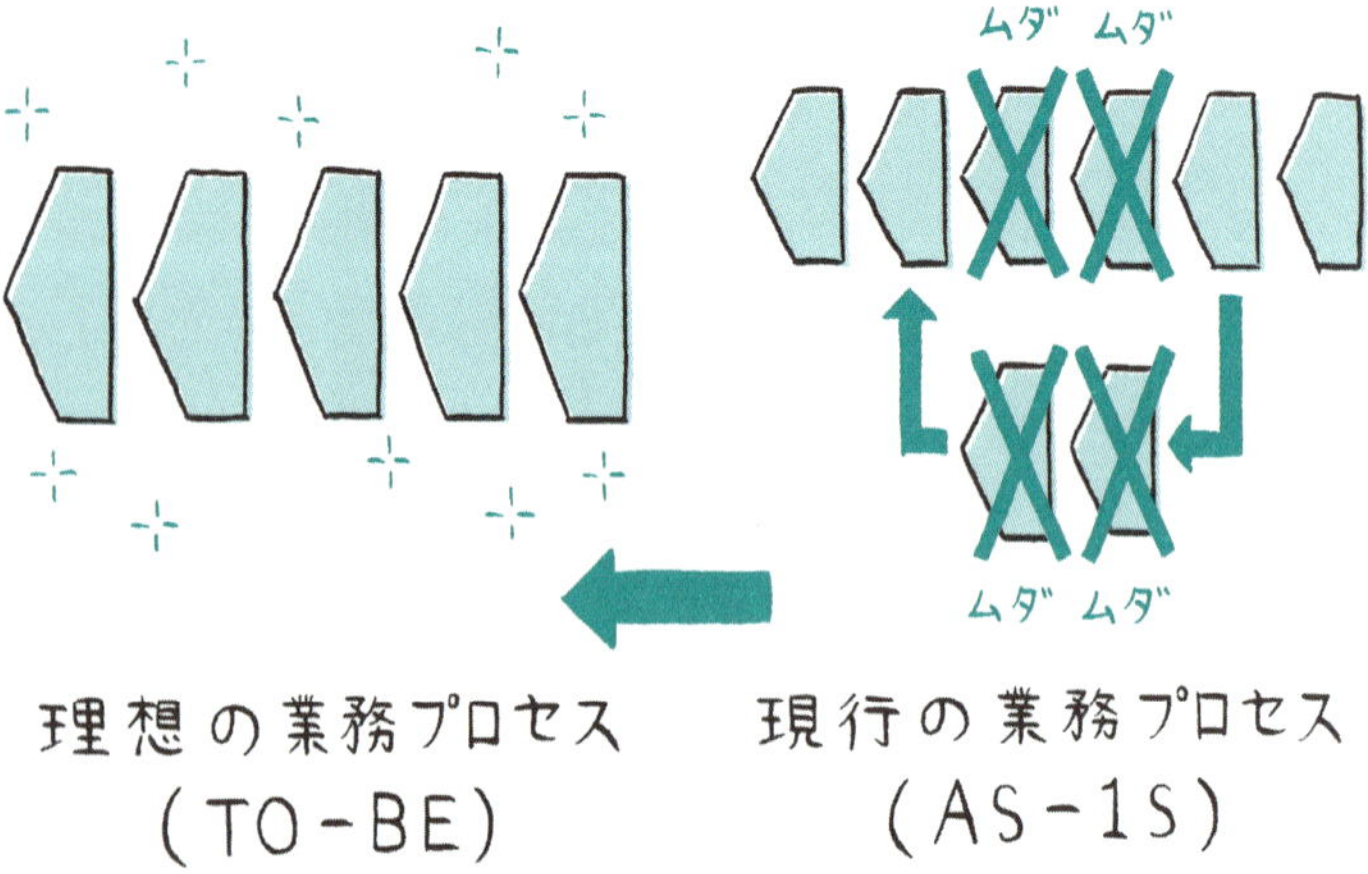

☑ 業務設計のための5つのチカラ

① 現行業務をフローに分解するチカラ

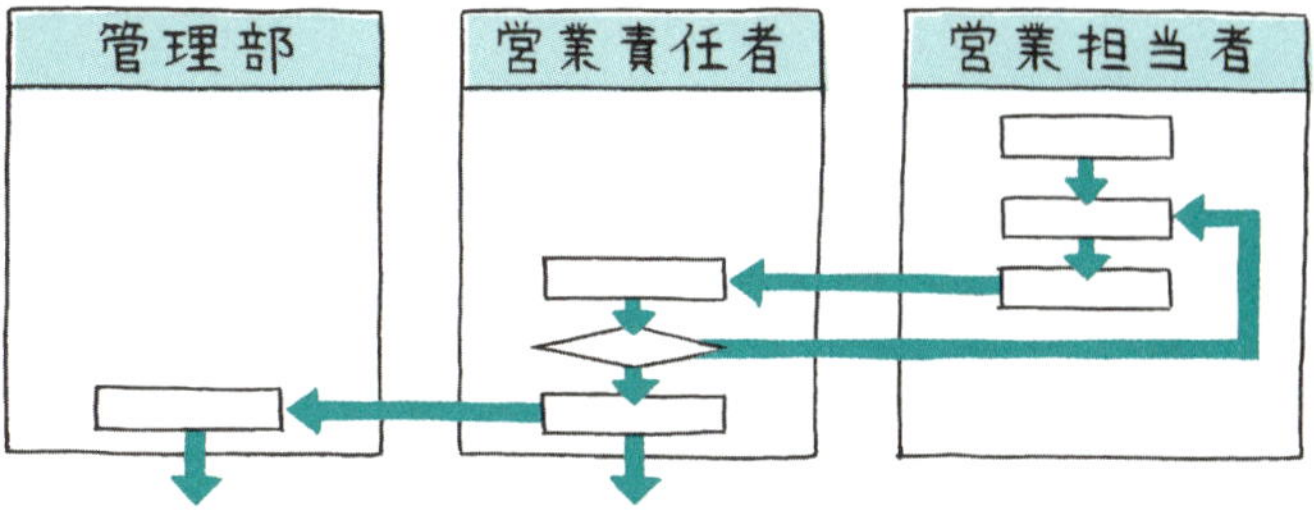

② インプットとアウトプットを定義するチカラ

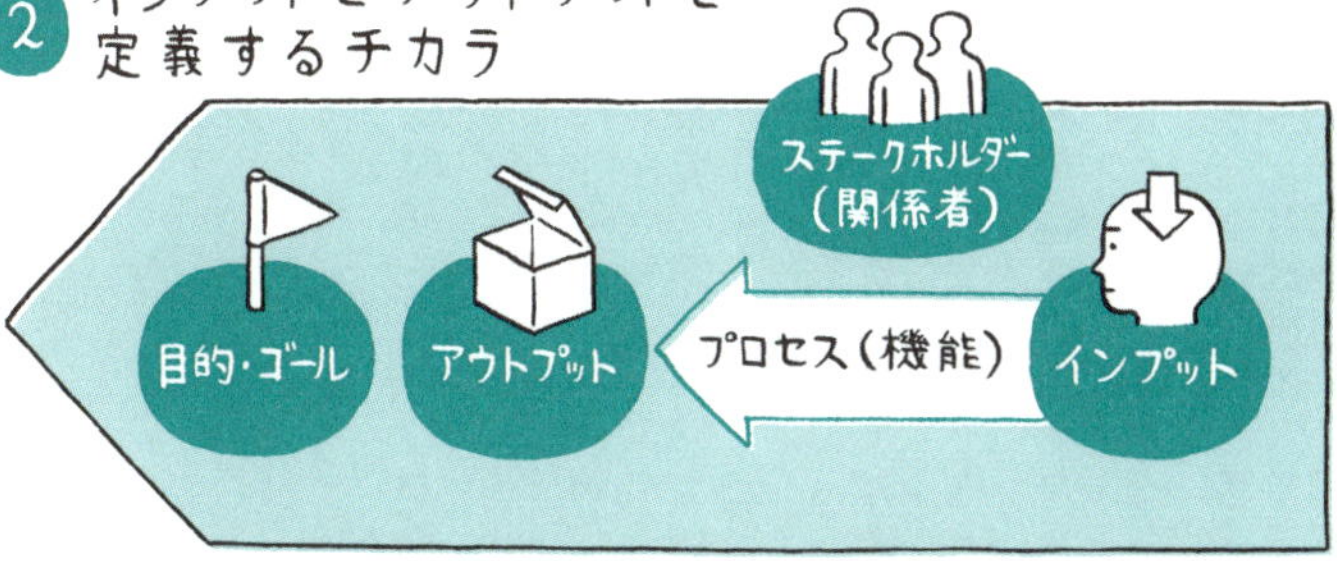

③ 見えないステークホルダー（関係者）を特定し、メリット・デメリットを整理するチカラ

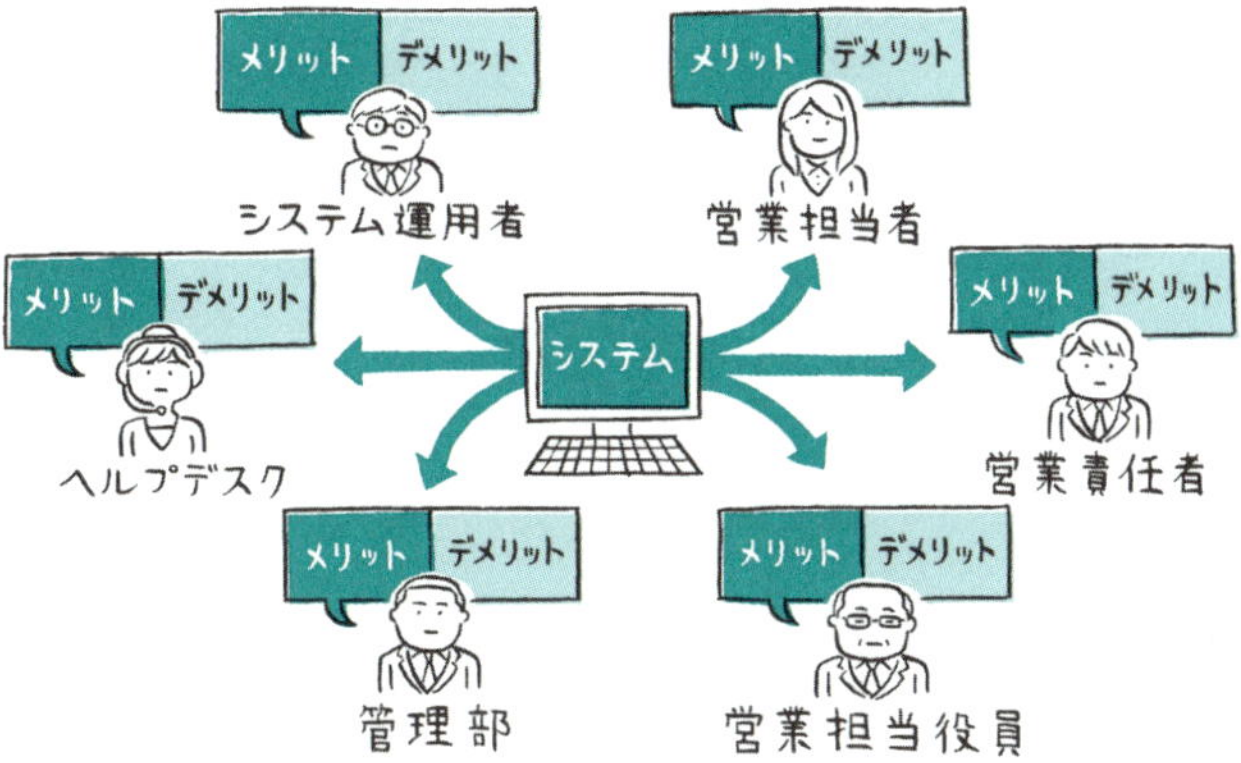

これらの能力は、ユーザー側、ベンダー側のどちらにも必要です。

ひところ、「リエンジニアリング（Re-engineering）」なる言葉が流行しました。既存の業務プロセスを抜本的に見直し、再構築することをいいます。いまの業務をただそのままシステムに載せようとしても、なかなかうまくいきません。現行業務の非効率をそのままシステムに載せようとすれば、多くの場合、かえって非効率が増えます。リエンジニアリングして、システム化を機に業務そのものの価値を上げましょう。

業務設計力を強化するにはどうしたらいいでしょう？

- 業務プロセス設計、業務改善、図解力向上や傾聴力強化、ロジカルコミュニケーションの研修を受ける
- ITIL®などのフレームワークに当てはめてみて、自業務を評価する
- まずは現行業務をフロー図に書き出してみる
- いまの業務をインプット／アウトプット／ステークホルダーに分解してみる

自分たちだけでどうにもなりそうにないときは、第三者の手を借りるのも手です。コンサルタントに参画してもらい、業務を分解してもらう。それだけで、見える景色が変わっ

できます。

おすすめ書籍

『はじめよう！　要件定義　ビギナーからベテランまで』（羽生章洋 著／技術評論社）

初心者向けに「要件定義とは何か？　どんなことをすればいいのか？」をわかりやすく解説した1冊。イラストや図解が豊富でわかりやすく、上記で示した業務設計のやり方も丁寧に説明されています。

ほんとうに、システム化が最適解か？

「それ、システムでなくてもできるよね？」
「業務の工夫でナントカなるのでは？」

なにはともあれ、システム開発・導入の目的の確認を。
トップに言われるがまま、お客に言われるがままのシステムプロジェクトには「ダウト」！

ほんとうに、システム化が正しいのか？
ほかに実現方法はないのか？

まずそれを自問自答し、議論しましょう。
中途半端なシステムを作って、残念な思いをするのはあなたたちです。また、使われないシステムの維持運用を続けるのは、これまた切ないです。

「わが社もＩｏＴを導入しろ」
「ビッグデータを活用するのだ」

最近では、こう口にする経営者が少なくありません。中身もよくわからないまま、思いつきで言っている可能性もなきにしもあらず。

「それを使って何をしたいのか？」

常に基本に立ち返りましょう。

中部地区の、とある機器製造業の話（社員数およそ200名）。この会社では予算の関係上、新規システムは当面開発しない方針。一方で、各部門からシステム化の要望が情報システム部門にたびたび寄せられます。情報システム部門のスタッフは、ただ「新規システム開発NG」を説明するのではなく、部門といっしょになって代替策を考えて、提案しているそうです。

「Accessを使ってみてはどうか?」

「外部のストレージサービスで、いいものがある」

部門が本来やりたいこと、ビジネスの目的を確認し、それを達成するための実現方策をアドバイスする。

率先して情報収集し、提供する。

この会社の情報システム部は、厚い信頼を得ています。

定性的な判断も大事！

ＲＯＩは、組織のシステム投資の判断をするうえで欠かせない基準です。無駄なシステム投資をしない、使われないシステムを生まないためにも、ＲＯＩをしっかり算出したいもの。一方で、「ＲＯＩさえ成り立てばそれでよし」となりやすいデメリットもあります。

- **いかにもでっちあげた感のある、業務効率化の効果値**
- **「ホントにそんなに使うヒトいるの？」と思わせるような、楽観的な利用者数や使用頻度**
- **気合と根性論だけで作られた、拡大展開計画**
- **維持／運用コストがまったく考慮されていない**

その数字、絵に描いた餅ではありませんか？

また、効果はなんでもかんでも定量化すればいいというものでもありません。定性効果による判断も大事。そのためのヒントを３つ。

ユーザーボイスを集める

社員がどんな不満を感じているか?
何を解決してほしいと思っているか?

そんな草の根の声集めも、案外大事だったりします。

コミュニケーション系のシステムには定量効果を求めない

いわゆるコミュニケーション系のシステム(メールシステム、イントラネット、オンラインチャット、グループウェア、ファイル共有基盤、在席確認、Webミーティングなどの統合コミュニケーション基盤)においては、定量効果は算出しにくく、それこそ〝絵に描いた餅〟の無意味な数字が作られて一人歩きしがちです。たとえば、社内SNSの導入効果を定量的な数値で示すって、なかなか難しいですね。従業員満足度など何らかの数値とひもづける例もありますが、「システム導入による効果なのかどうか?」の因果関係を証明しにくいです。

こういったコミュニケーション系のシステムには定量効果を求めないようにするのも1

つの考え方です。

トップダウンで判断する

効果がどうのこうの言わずに、経営方針として、トップダウンで「とにかくやる」と判断する。時にそれも大事です。

とくに情報システム部門の人たちは要注意。なんでもかんでも「ROI」でシステム投資を拒み続けていると、「ウチの情シスはスピード感がない」「使えない」など、ユーザー部門からの信頼を失います。そして、部門は自分たちの予算で勝手にシステムを立て始めます（いわゆる「シャドーIT」）。スピーディにいきましょう。

意思決定の足を引っ張る要注意3大ワード

::「グローバル」「全体最適」「ガバナンス」

現場の要望で早いところITシステムを導入して業務をラクにしたいのに、本社のお偉いさん（CIOなり、経営企画本部長なり）が横槍を入れて待ったをかける。その要注意

3大ワードがこちら！　「グローバル」「全体最適」「ガバナンス」。

「グローバル共通のプラットフォームに統一すべき。いま、地域個別で判断してシステムを入れるべきではない」

「ガバナンスの観点で、地域やグループ個社個別にシステムを立てるべきではない」

グローバル化に伴い、何でもかんでもグローバル全体最適、中には、買収した海外子会社の情報システム責任者から「待った」がかかるケースも。

そして、お偉いさんの、お偉いさんによる、お偉いさんのための議論が始まる。基盤系（認証基盤、コミュニケーション基盤、データセンター、ネットワークなど）の仕組みはさておき、業務系のシステムでグローバル全体最適にこだわりすぎる意味がどこにあるでしょうか？（全世界の業務をERPに統一した結果、業務効率が著しく下がったケースは枚挙に暇がありません）

そして、結論が出るのに半年も1年もかかる。議論ばかりがおこなわれて、システム化の判断がなされない。本社のお偉いさんたちが「大企業ごっこ」に興じている間、業務は非効率なまま。業界他社に差をつけられて、ビジネスチャンスを逸する。なんてこった！

業を煮やした業務部門。情報システム部に見切りをつけて、こっそりと独自でシステムを立ててしまいます。しかし、システムの知識がないままにベンダーに丸投げして、たいてい失敗。あるいは、勝手にクラウドを使い始めます。あれれ、結局ガバナンスが崩壊していく!? 本社の面子も丸つぶれ。

「グローバル」「全体最適」「ガバナンス」

この3大ワードが出てきたら、まずダウト!

- **どこまでグローバル共通を追求すべきで、どの部分は地域最適でいいのか?**
- **どこまで全体最適を優先すべきか?**
- **ガバナンスにこだわるあまり、かえってガバナンスが失われるリスクはないか?**

正しく疑ってかかりましょう。

ちなみに、筆者が過去に勤めていた会社(著者プロフィールで非公開の会社)にて。「私が任期の間(3年間)は、新規システム投資は絶対おこなわない」と豪語していた情報システム部門の本部長（海外から逆出向）がいました。「失敗するリスクをとりたくない（無傷で本国に帰りたい）」様子。非効率な業務が改善されない状態が続いたのはもちろん、プロジェクトメンバーのモチベーションも大いに低下しました

要注意3大部門はここだ！

：「経営企画部」「社長室」「○○推進室」

もはやだれも使っていない、ゾンビのようなシステムを生みやすい3大部門（あくまで著者の経験則によります）。それは……「経営企画部」「社長室」「○○推進室」！　これら3つの部門が「システムを作りたい」といってきたら、要注意！　そのシステム、使われなくなる可能性があります。この3大部門の共通点は何でしょうか？

ずばり、ライン業務（定常業務）を持たない！

名のとおり、既存のどの部署にもない新規業務や仕組みを考えたり、経営者の思いつき……もとい……突発オーダーに対応したり、3ヵ年の中期計画の目標達成など短期ミッ

ション完遂の支援を目的に存在する部隊。よって、どうしても近視眼的になりがちです。

「社長がシステムを導入しろといったから、とにかくシステムを入れればいい」

「中期計画の進捗管理だけのために、システムを導入する」

その結果、「それ、人手でやったほうが安いし、速くない?」という謎システムが生まれます。

冒頭の事例を思い出してください。片桐《かたぎり》メカトロニクスの社内システム〝G-SAM〟(グローバル販売台数管理システム)は、前任の経営企画担当役員が自分への報告のために思いつきで作ったシステムでした。その役員がいなくなった今は、お役御免。そして、だれも使わなくなった……。システムだけが寂しく存在し続ける。悲しいですね。

また、運用体制にも不安が。システムは導入した後、すなわち運用こそが命。プロモーションしたり、マスターデータをメンテナンスしたり、エンドユーザーの窓口となって問い合わせ対応や周知をしたり、機能追加を検討したり……。これらは、いわば定常のオペレーション業務。ところが、これら3つの部門は定常業務を設計する感覚も乏しければ、体制もない。よって、運用項目に抜け漏れが多かったり、適任者がアサインされずうまく

☑ 要注意3大ワード・要注意3大部門

回らなかったりと、結果として残念なシステムになってしまうケースが目立ちます。
「経営企画部」「社長室」「○○推進室」が出てきたら要注意！

ほんとうにシステム化する必要があるんでしょうか？
運用する覚悟はありますか？

何べんも問うてください。

「いよいよシステム化！」そのとき気をつけておきたい3つの「不明」

システム化することは決まった！　そこからが肝心。

「要件を決められる人がいない！」
「既存システムの変更を判断できる人がいない！」

「システム化に伴って新たに発生する業務（例：マスターメンテなどの業務運用）をやる人がいない！」

次の3つは、システムの現場泣かせの〝不明あるある〟です。

①システムの主管部門不明

新たにシステムを立ち上げることになった。が、だれが音頭取るの？　主管部門はだれ？
社長の鶴のひと声で、あるいは役員のトップダウンでシステム導入が決まったケースにおいて、よくあるモヤモヤ景色。

「で、どの部署が主管になるんだっけ？」
「そもそも、業務自体が既存の部署にない新しいものだから、どの部署がやるのがいいものか!?」

トップ踊れど、現場踊らず。こんな悶々とした空気が流れ続けます。

②データの責任元不明

ある大手IT企業で実際にあった話。新たに立ち上げるシステムで、複数のコード（会計コード、人事コード、取引先コード）をそれぞれほかのシステムから取り込むことに。ところが、運用設計の段階になって大きな問題が発覚。取引先コードの責任元（管理元）が不明なのです。

いままで、取引先コードは各部門の判断で自由に生成されていた（よって不要なコードも廃止されず残った）。同一の取引先で複数のコードがあったりと、ダブリも多数。どのコードを優先すればいいかわからない。責任元不在。いままでだれもこのゴミ箱をキレイにしようとしなかった。システム立ち上げを機に、膿が表に出てきたのです。

結局、プロジェクトリーダーが腹を括り、自部署内を説得してデータの責任元となって前進しましたが、同じような問題が起こる可能性は十分あります。

③エンドユーザーの管理元不明

システムの利用者、すなわちエンドユーザーを巻き込むのはだれか？

システム導入の説明を、だれが、どこに対して、どう進めるか？

導入後の、システム利用に関するエンドユーザーへの連絡や周知、あるいは依頼を、だれがするのか?

エンドユーザーの管理元が不明なままだと、当然プロジェクトの先行きも不安になります。

あなたがユーザー企業の立場であれば、ここぞとばかりに率先して管理元/責任元を決めましょう、あるいは探しましょう。それでも決まらない/不明な場合は、あなた(自部署)が率先して主管部門を名乗り出るくらいの主体性を期待します。あなた自身のリーダーシップ、マネジメント力、ファシリテーション力、交渉力が身につきますし、社内外の評価も上がるでしょう。

システム化の意義は、従来の業務フローをただデジタルに置き換えることではなく、現行業務を見直してより効率化することにあります。時に、いままでにない新しい業務や役割が発生することも。また、いままで蓋をしていた積年の問題が顕在化することもあります。

「わからない」「決まらない」と嘆いていては、組織もあなた自身も前進できません。主体的に決めて、前に進めていきましょう!

運用者を巻き込んで知見をフル活用しよう

事前のシミュレーション不足。利用シーンの考慮漏れ。それを防ぐはどうしたらいいか？ベンダーはユーザー企業にシステムプロジェクトの提案をするとき、「業務の理解が深い、エース級の社員をプロジェクトにアサインしてください」とお決まりの常套句を提案書に添えます。が、エース級の社員はなかなか寄越してもらえないもの。また、悲しいかな、その企業のシステム担当者や情報システム部門のプレゼンスが低ければ低いほど、実際にシステムを使う業務部門の協力も得られにくいでしょう。よって、次善策を考えておく必要があります。

既存のシステムを運用している人たち、たとえば情報システム部門や業務部門の運用管理者、ヘルプデスクメンバー。それらの人に、要件定義の段階から参画してもらいましょう。とりわけ、ヘルプデスクは常にエンドユーザーに接し、問い合わせやクレームを受けています。四半期ごとの繁忙期や組織変更の前後にエンドユーザーがどういう動きをして、どんなトラブルが発生するか？　そのようなリアルをよく知っています。運用管理者であれば、時期による処理の負荷なども想定できるかもしれません。

それらのノウハウ、生かさないのはもったいない！

いままでにないまったく新しいシステムを立ち上げるならともかく、今のシステムを運用している人に知見はあるはず。フル活用しましょう。要件定義の段階から運用メンバーを巻き込んでおくことで、通常はシステムリリース直前におこなわれる（そしてあたふたする）運用設計やマニュアル類の作成に早期に着手することができ、運用業務量の平準化と品質向上にも寄与します。

せっかく作ったシステム、リリース時・日常のPRも忘れずに！

どんなに気合を入れて、ココロをこめて作ったシステムも、使う人に存在を知ってもらわなくては使われません。

「いいものを作れば、使ってもらえる」

そんなプロダクトアウトな発想は通用しません。積極的なプロモーション活動をおこないましょう。リリース時のＰＲ、日常的なＰＲ。いずれも大事です。

リリース時のＰＲの例

・導入説明会を実施する
・業務効率化に役立つ使い方のディスカッションやワークショップをおこなう
・イントラネット／インターネットで周知する
・役員や部門のトップから社員にメッセージしてもらう
・ポスターを貼る
・チラシを配る

あるメーカーでは、社内システムリリースの当日、システムの名称が入った金太郎飴を作って、プロジェクトメンバー一同、社員食堂で社員に配ったそうです。おかげで、浸透は早かったとか。そのようなアナログな方法も意外と効果的です。

日常的なＰＲの例

・イントラネット／インターネットにバナーを掲載する
・メール／印刷物／壁新聞などを発行する
・主管部門の担当者のメールシグネチャ（署名）にシステムの名称とURLを常設する
・ポスターを貼る
・システムの名称と問い合わせ先（ヘルプデスクの電話番号など）を印刷したステッカーを配る（パソコンに貼れるサイズで）

遊び心も大切に、さまざまなPR方法を考えて実践してみてください。

作ることばかりにとらわれない、廃止基準も明確に

「使われなくなったから、たたむ」
「もはや役目は終えた、そろそろ幕を閉じよう」

そんな〝けじめ〟は、システムでも大事。

・ユーザー数、アクセス数が半年間一定数を下回ったら、廃止の判断をする
・リリース後、5年が経過したら廃止する
・中期計画終了後、半年後に廃止する

システム化のGOを判断するとき、あるいはリリース後でもかまいませんので、そのような廃止基準も決めておきたいものです。プロジェクト横断のスタッフ組織（PMO：プロジェクトマネジメントオフィスなど）が定期的に利用実態を調査し、廃止の判断をするのもいいでしょう。さもないと、だれも使わないシステムに無駄な維持運用コストや、利用料を垂れ流し続けることになります。

悲劇はそれだけではありません。だれも使わないシステムを、休日や深夜に出勤してお守りする運用部隊——なんだか切ないですよね。「仕事だ」と割り切ってしまえばそれまでですが、心ある人であればあるほど、悲しい気持ちになります。運用者の誇りも大切に！

システムの問題地図

BUS

2丁目

無駄にハイスペック

行先
使えない・残念な
システム

どうせ作るのなら、よりよいシステムを作りたい。あれもこれも盛り込みたい。ユーザーとベンダー、すったもんだを繰り返して、ようやく完成（リリース）。ところがどっこい。作り手と使い手の間にどうやら温度差がある。そのリアルな声に耳を傾けてみましょう。

システム提供者の声（情報システム部、事業部門のシステム担当、ベンダーの開発担当、etc.）

「エンドユーザー諸君。君たちの要望をすべて盛り込んだシステムがようやく完成したぞ！」

「すべてシステム上で完結。イレギュラーな業務も、例外処理も、すべてこのシステムでできるんや。どや！」

「ゼロから全部手作りしたんだぜ。オレたち、すごいだろ⁉」

エンドユーザーの声

「多機能すぎて、使いこなせません……」

「すべてシステムに入力しろって……かえって手間が増えるんですけど」

「例外パターンは、手作業で対応したほうが早いのでは？」

「新しい業務パターンが発生したのですが、これってどうしたら……」

システム運用者の声

「機能を増やしてくれたおかげで、対応も増えすぎ。毎日綱渡りなんですけど……」
「バッチ処理が1つこけると、業務がすべて止まる……」
「複雑すぎて、だれも手を出せない。メンテできない！」

なんてこった！　本来、業務効率をアップさせるために作ったシステムが、無用の長物に。いったいどうしてこんなことに!?

無駄&無用の長物システムはこうして生まれる

この問題、なかなか根が深くて複雑です。ここでは、大きく3つの原因にハイライトします。

①現行業務／現行仕様に固執しすぎ

☑ 無駄に豪華に作った高級車。だれも使いこなせない、だれも手を出せない……

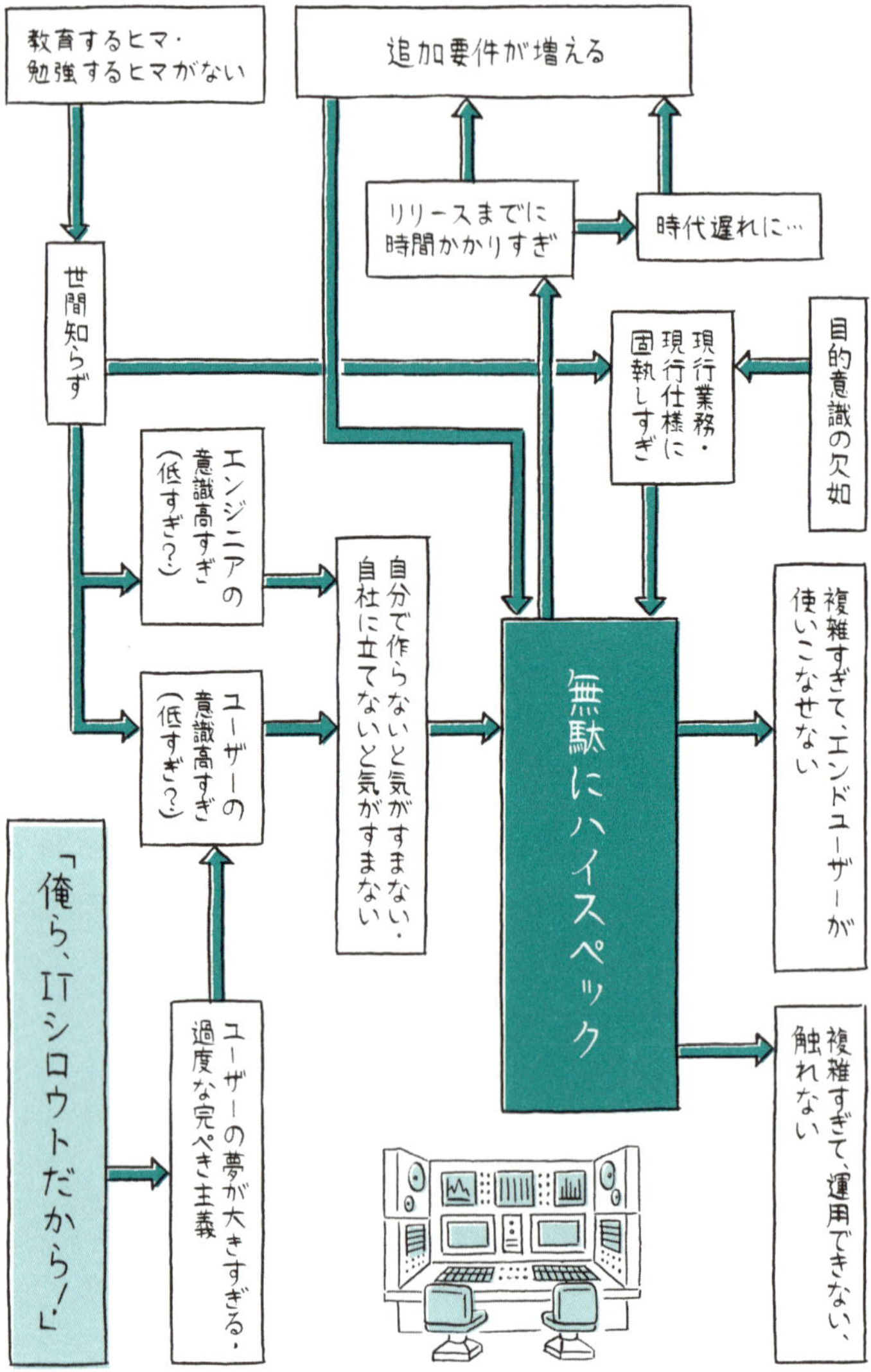

②はてしなき要件追加
③意識高すぎ／低すぎ

①現行業務／現行仕様に固執しすぎ

「とにかく今のやり方が正しい。それをそのままシステム化すればいい」

ちょっと待ってください。今の仕事のやり方が非効率だから、標準化して、システム化して効率化するのですよね？　「いま」にこだわってどうするの？

現行の業務フローが整っているならばまだマシです。往々にして、現行業務は属人化していて、口伝、職人お家芸の世界。ろくなドキュメントもなければ、そもそも業務の全体像すらつかめない。それをわかっていながら、ユーザー企業（情報システム部門、ユーザー部門のシステム担当）は涼しい顔でベンダーにこう言い放つ。

「とりあえず、現行どおりでよろしく」

いやいや、「現行」がそもそも見えないんですって。それを整理するのは、あなたたちユーザー側の責任です！　困りはてたプロジェクトメンバーは……

「業務のベテランのAさんのやり方をヒアリングしよう」

こうして、ベテランAさんのところに足を運びます。忙しいAさんを捕まえて、ナントカ現行の業務内容を聞き出し、フローを書いた。ところが……Aさんのやり方、よくわからないこだわりだらけ、職人ゆえの小難しいワザだらけ！　なんとかシステム化してはみたものの、ほかの人には意味がわからず、使いこなせず。こうして、謎フロー・謎機能が無駄に乱立します。挙句のはて、本来あるべき機能が実装されていなかったり……

「あ、そういやこんなパターンもあったわ。いけね」

この手のベテラン職人、自分の仕事を言語化するのがとにかく苦手。後になって、抜け漏れが発覚。それではシステム化した意味がありません。とほほ。

あるいは、いまあるシステムを、新しいシステムにリプレイスする場合。これまた「とりあえず、現行どおりでよろしく」の魔のひと言で、まったく使われていない枯れた機能、無駄な機能もお引っ越ししてしまいがち。あれあれ、4LDKの一戸建てから、3LDKのマンションの一室に引っ越しするんじゃありませんでしたっけ⁉ 荷物を捨てていかなくて、ホントに大丈夫⁉

その結果、システムのリリース後になって、次のような悲劇が繰り広げられることに。

悲劇その1 無駄に多機能

いらないアプリケーションや機能が乱立。いらないくせに存在し続けるものだから、都度メンテしたり、セキュリティパッチを当てたりと、システム運用者の手間だけは煩わせる。当然、運用コストも発生。嗚呼。

悲劇その2 無駄に密連携

何でもかんでも、システムでつなげようとする。別にユーザーに手で選ばせたり入力させればよさそうなデータまですべて、どこぞの別システムと連携させようとする。いわゆる、密連携。スパゲティ状態。その結果、自由な変更が利かなかったり、例外パターンに対応できなかったりと、業務そのものに影響が。つなげたどこかのシステムでトラブルがあると、こちらのシステムのデータがおかしくなる。使えなくなる。まるで、無節操な相互直通運転を増やすどこぞの鉄道会社の「なんちゃらライン」のごとし。栃木県で起こった人身事故の影響で、静岡県内の電車が止まるのと同じです。

悲劇その3　バッチ処理のラッシュ

機能やシステム間連携を増やすと、バッチ処理（システムが使われない夜間などに一括でデータを処理すること）も増えて複雑になります。気がついたら、詰み直前のテトリスのように、バッチ処理のタイムラインが夜から明け方までぎっしり。どれか1つでも狂ったり、遅延したら、即翌日の業務に影響発生。毎晩がスリリングな綱渡り。運用担当者は、夜間の呼び出しが怖くて、夜もおちおち寝ていられない。くわばら、くわばら……。

この背景にはなにがあるか？　——目的意識の欠如。1丁目の原因アゲイン。

「何のためにシステムを作るのか？」
「なぜ、その業務をシステム化するのか？」
「このシステム、誰得？」

☑ 現行業務・現行仕様に固執しすぎることが悲劇をもたらす

そもそも論が、開発メンバーからきっぱりスッパリ忘れ去られている。作ることが目的化して、使う人を軽視してしまう。やはり、目的意識って大事です。

②はてしなき要件追加

これまた1丁目と密接に関連する事象。要件定義に時間をかければかけるほど、そして意思決定に時間がかかればかかるほど、要件が膨れ上がる。

「(どうせまだ時間があるんだ) この要件も追加してちょうだい」
「そういえば、こんな機能も欲しい」

プロジェクト期間中にエンドユーザー部門の組織変更があろうものなら、もう最悪。

「前任者はそう言っていたかもしれないけれど、僕は……」
「やっぱり、この機能もあったほうがいいな」

前任者の否定から始まり、いままでの要件はひっくり返されるは、新しい要件は追加されるわ……なし崩し的に要件が増えていきます。

③意識高すぎ／低すぎ

意識が高すぎるのも、低すぎるのも問題です。

意識が高いパターン

「これからの時代はＡＩだ！　このシステムにもＡＩを取り入れよう！」

どこかのセミナーで聞きかじった最新のテクノロジーを、よく理解しようともせずに、無理やり入れようとする。

「すべての業務をシステムに取り込み、完全自動化を目指すのだ！」

いやいや、年に1度しか発生しない例外業務までシステムでやろうとしなくても……。あるいは、エンジニアが無駄に難解なコードを書いたり。そのエンジニアしか使いこなせないマニアックな技術を盛り込んだり。

もちろん、チャレンジは大事。ですが、ほかのエンジニアが改修できなかったり、運用者が維持管理できないのは考えものです。

意識が低いパターン

「とりあえずよくわからないから、いまやっている業務をすべてシステムにぶちこめばナントカなる。ＯＫ！」

いえいえ。どうにもならないですし、何もＯＫではありません！　チャレンジは、チームと合意したうえでやりましょう。

あるいは、エンジニアが枯れた技術に固執して（というより、その技術しか知らない場合も）、「デキる」「デキない」を判断する。やたらとリソースを食う現行機能を、そのままの技術で、そのままのつくりで、新システムに移行してしまう。それでは、組織もエンジニア本人も成長しません。

これら意識高すぎ／低すぎ症候群の背景に控えているのは……

「俺ら、ITシロウトだから！」（5丁目）

出た！　ユーザーお得意の決め台詞。

別にシロウトなのはいいんです。だれでも、はじめはシロウトですし。とはいえ、たとえIT企業に勤めていなくたって、IT部門でなくたって、あなたもITをつかさどる責任者。その開き直り、いかがなものでしょうか……。さらにもう1つ。

外を知らない、井の中の蛙たち

世の中のITのトレンドを知らないシステム企画担当者。最新技術を知らないエンジニア。そんな人たちが作ったシステム、イケているわけがありません。画面などのインターフェースもイケていなければ、処理も遅く、技術も古い。不要な機能や業務も残ったまま。あるいは無駄に高機能で使いこなせない。デザインにこだわりすぎていて、画面のどこに何があるのかわからない……。

見当違いにハイスペック（あるいはロースペック？）なシステムを生み出さないために、

何でもかんでもシステムで処理しようとしない

ユーザーはベンダーは、それぞれ何をどう心がければいいでしょうか？

システム化＝すべてをデジタル化することととらえがち。これ、大きな罠です。結果として、それが多くのムリやムダを生みます。

・いっさいの例外や変更を認めない頑固オヤジのようなシステムが完成
⬇結局、裏の手作業が増えてしまった
⬇後日、エンドユーザーからクレーム
⬇結局、「エンドユーザーからの作業依頼を受けて→運用者がデータベースに直接データを書き込む」など、手間がかかる運用対処がポロポロ発生

・システム間の密連携による綱渡り運用
⬇関連システムとデータ連携させすぎた結果、どこかのシステムが止まると、こちらのシステムと業務が止まる

☑「すべてをデジタル化」しようとすることが多くのムリやムダを生む

例外パターンは手作業で対応することとする（あるいは2次開発でシステム化する対象とする）、密連携させすぎないなど、なんでもかんでもシステムで対応しようとしない割り切りも大事です。

スモールスタート／アジャイル発想も取り入れよう

すべての機能をいきなり実装しようとすると、どうしても時間もかかれば、意思決定も遅くなります。結果、華美だけれども、時代遅れでだれにも使われない残念なシステムが生まれることに。

- 対象部署を限定して、リリースする
- 機能を一部に絞って、段階的（1次、2次、3次……）にリリースする

このようなスモールスタートも検討してみましょう。

　また、アジャイル（開発対象を小規模の機能に分割し、要求分析〜設計〜実装〜テスト〜リリースを短期間で繰り返しおこなう開発手法）の導入も、「ムダにハイスペック」かつ「リリースに時間がかかる」システム開発から脱却する1つの手段です。とはいえ、アジャイル開発は興味本位で手を出すと失敗します。形だけではダメ。プロジェクトマネージャーの十分なスキルアップ、およびメンバーの意識づけや環境整備なしにはうまくいきません。無理に自前でなんとかしようとせず、専門家を呼んでご指導願ったほうがいいでしょう。

　くれぐれもアジャイルありき、「とにかく、アジャイルだ！」と〈意識が高いユーザー〉にならないでくださいね。ご利用は計画的に。

☑ これまでのやり方とアジャイルの違い

従来のウォーターフォール型開発

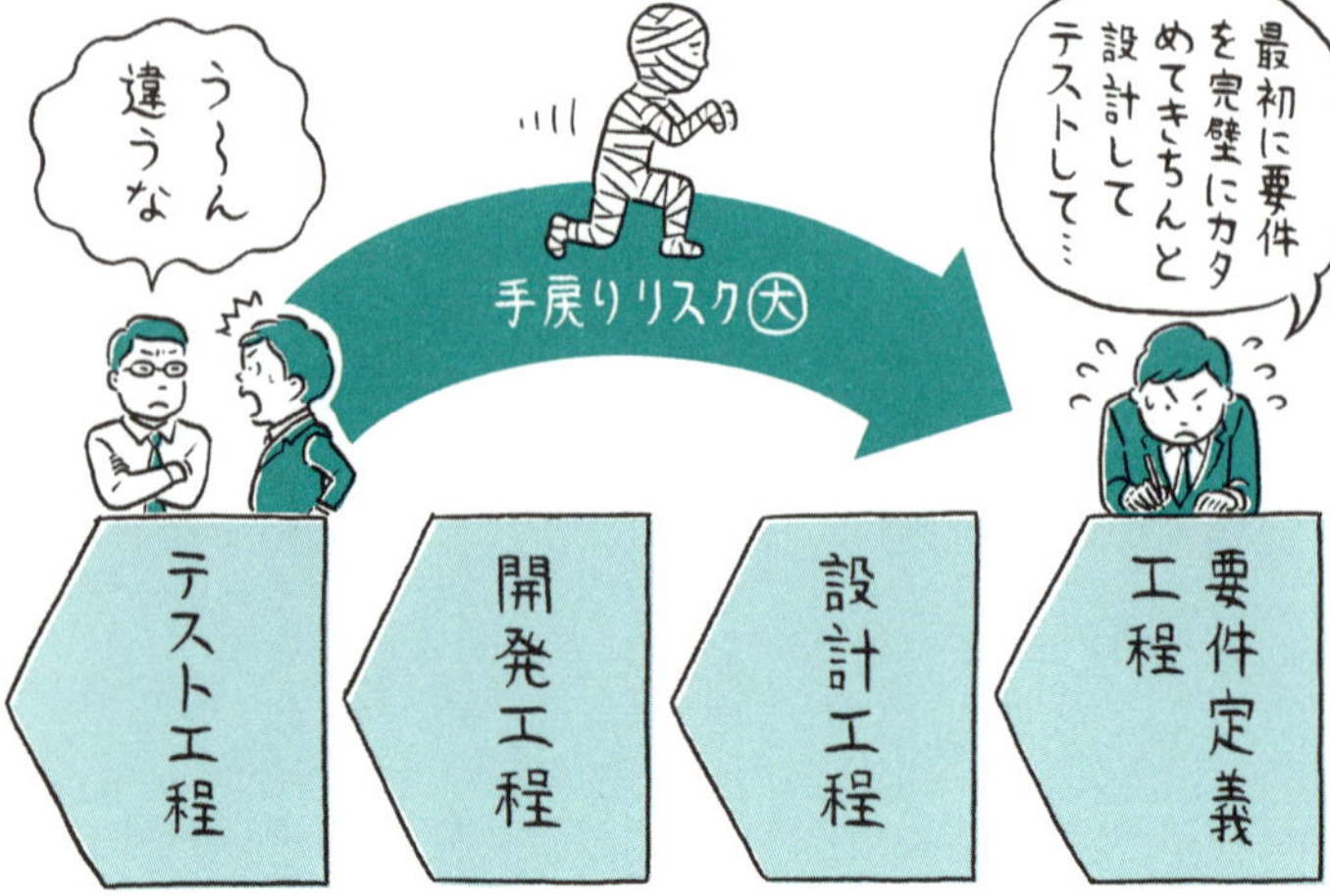

アジャイル型開発

クラウドの利用も視野に入れる

今の時代、すべてをオンプレミス（自社のデータセンターに自前のシステムを作るやり方）で作っていたら、時間も人手も足りません。自社の環境にひっぱられると、古い技術にひっぱられたり、結果としてセキュリティリスクを発生させたりと、何かと厄介。

- **自社開発はあきらめ、クラウドサービスを利用する**
- **重要なデータは自社で持ち、クラウドに連携させて、必要な機能だけ外から借りる**

そのような手段も検討しましょう。

ケースバイケースですが、クラウドを利用するほうがメンテナンスやバージョンアップなどのシステム運用の手間やコストが少なく済む場合もあります。

ただ、クラウドは便利な反面、ともすれば需要増減に対応できずにエンドユーザーに迷惑をかけたり、退職者のライセンスが残り続けて無駄な利用料金を払い続けていたり、社内の端末のリプレースにより環境が変わって使えていたはずの機能が使えなくなったりと、思わぬトラブルに見舞われがち。次の３つの管理をして、上手に使いこなしましょう。

需要管理

ユーザー数、トラフィック（日別、週別、月別、部門別など）などを定常的に把握して需要を予想し、予算計画と連動させて、必要十分なサービスを提供できるようにする。

構成管理

クラウドサービスを利用するライセンスやアカウントの数、属性情報（どこのだれが使っているか）、有効期限、クラウドサービスに接続するインターフェースやデータ形式の情報、クラウドサービスに接続する端末（ＰＣ、スマートデバイスなど）の環境情報など、構成情報を把握し、維持管理（アップデート）する。

変更管理

ユーザーの増減によるライセンスやアカウントの追加／削除方法、利用するサービスの変更手続き、構成情報の変更の影響調査と判断方法などを決め、随時適切に判断する。

この3つは「ＩＴサービスマネジメント」（サービスとしてのＩＴを提供・管理する方法論。代表的なものとしてＩＴＩＬ®が有名）に定義されています。これを機会に学んでみてください。

ところで、そもそも世の中にどんなクラウドサービスがあるのか？　どんな技術がいま主流なのか？　それを知らないことには……ですよね。そこで……

ユーザーもエンジニアも外に出よう

世間知らずにならない。井の中の蛙にならない。そのためには、ユーザーもベンダーのエンジニアも積極的に外に出ましょう。

あるアミューズメント系の情報管理部門では、全体の業務時間の1割～2割を「研究」に当てています。メンバー各自、外に出て研修やＩＴ関連のフォーラムを受講したり、ＩＴ関連の雑誌を読んだり、新しい技術を勉強したり、テスト環境を作って新技術を試してみたり、チームで発表会をやったり……。そのような研鑽は、エンドユーザーのためでもあり、自組織のためでもあり、ユーザーやエンジニア自身の成長のためでもあります。

システムの問題地図

BUS

3丁目

「とりあえず作っとけ!」

行先

使えない・残念な
システム

「予算が無限にあったならば、時間を好きなだけかけられるのならば、どんなにすばらしいシステムを作れるだろうか……」

しかし、現実はそうはいきません。カツカツの予算の中で、カツカツのスケジュールの中で、なんとしてでもモノを作らなければならない。現場の空気も重苦しい。やがて、人々は考えることをやめ……

「とりあえず、作っとけ！」

こんな開き直りムード、投げやりムードで、とにかく言われたものを作る。

そうして生まれたシステム、イケてるハズがない！まともに使えなくて、あるいはかえって不便になって、エンドユーザーから非難ごうごう。そのクレームを受けるヘルプデスクは不満たらたら。おまけに運用度外視で作ったものだから、運用担当者は怒り心頭……こんなだれも幸せにならないシステムが産声をあげ続けています。

「お客（システム企画部門や情報システム部門）が悪い。無理なスケジュールをごり押ししようとするからだ」

「ベンダーのせいだ。いいモノを、決められた予算とスケジュールで作るのがプロの仕事だろう」

「開発のヤツら、『運用でカバー』って言葉で使えないクソシステム作って運用部隊にマルナゲするのやめてくれないかな……」

「そこをなんとかするのが、運用の仕事でしょ！」

「購買部門って何様よ？　ＩＴのことよくわからないくせに、涼しい顔して値切ってくるから、現場は混乱。スケジュールも人手も厳しくなるんだ」

「いつもＰＭＯ（Project Management Office：プロジェクトを支援する組織）が横から出てきて、無駄な報告業務や管理業務を増やす。だから時間の余裕がなくなるんだよ！」

ストップ、ストップ！　喧嘩はそこまで！

この問題、全員に非があります。システム企画部門、情報システム部門、プロジェクトマネージャー、開発部隊、運用部隊、購買部門、ＰＭＯ……皆が皆、反省すべき点が大いにある。他人のせいにせず、自分たちの立場で、それぞれの悪いところに気づいて、襟を正しましょう。

では、どこからメスを入れるか？

「とりあえず作っとけ！」のこっち側と向こう側

この問題の裏にもさまざまな要因があり、及ぼす影響もさまざまです。こっち側と向こう側にはどんな景色が広がっているか？　ひも解いてみましょう。

ここでハイライトしたい原因は４つ。

①予算ありき
②スケジュールありき
③「運用でカバー」
④「俺ら、ITシロウトだから！」

☑「とりあえず作っとけ!」のこっち側と向こう側

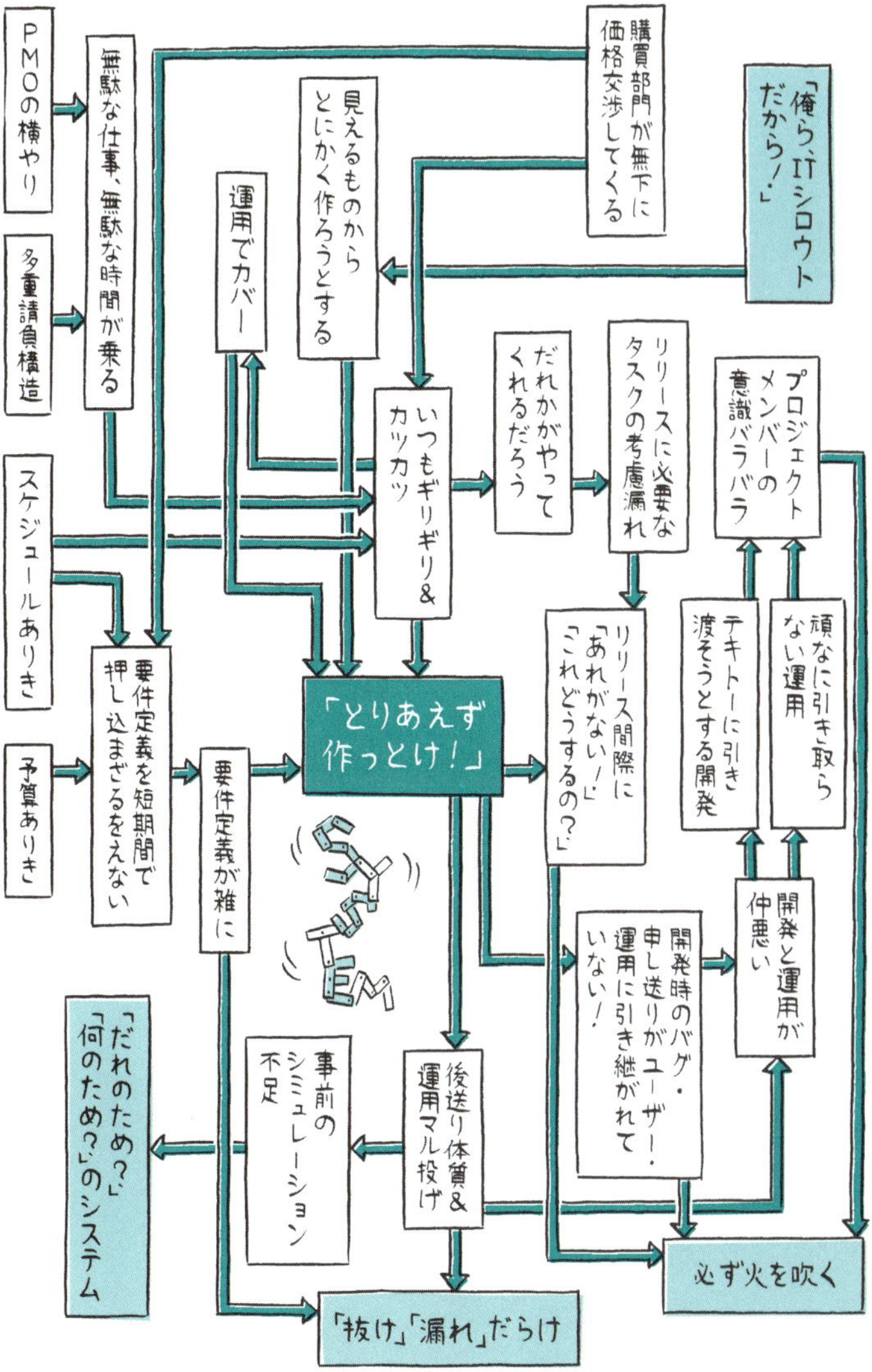

①予算ありき

予算が決められていない仕事などありえない――それは当然としても、あまりに柔軟性のないギリギリの予算は、システムプロジェクトの首をきつく締めます。

システムの要件は、多かれ少なかれ変わるもの。ところが、予算に柔軟性がなさすぎる。前年度に気合と根性だけで決められた（＝根拠のない）予算金額ありき。後になって、気づかなかった要件に気づく。要件が膨らむ。ところが、予算は増やせない。そうすると……

「タダでなんとかして」

「要件が変わった。機能を追加してほしい。でも予算はない」

お客はこんな無茶&ワガママをベンダーに要求します（って、絶対やっちゃダメ！）。のっけから予算がカツカツ。最も重要な要件定義にすら、十分に時間をかけられない。そうすると、お客もベンダーも要件定義を無理やり短期間で終わらせようとします。これが厄介。業務分析も業務の再設計もしないまま、お客側は「とりあえず現行システムと同じものをそのまま作って」、ベンダーは「とりあえずお客に言われたものをそのまま作っとけ」、となりがち。でもって、要件の抜け漏れだらけで、後で火を吹く。

さらに、お客が大企業の場合、ここに購買部門なる強敵が登場します。ITプロジェクトのことをよく知らないのに、ベンダーと無茶な価格交渉をする。ギリギリまでコストを削られる。そうすると、ベンダーは要件定義にさらに時間をかけられなくなる。スケジュールを短くせざるをえない、なおかつ、優秀な人材もリリースせざるをえない。残ったメンバーのモチベーションも下がる。「とりあえず、作ればいいんでしょ」な投げやりムード、さらに加速します。

そもそも、何ゆえ予算がイケていないのか？

「これまで、ベンダーがお客のムリを飲んで、タダでやってしまっていたから」

この慣習が悪さをしている部分もありますが……

「予算のＦＩＸ（確定）が早すぎる」

近年、大企業になればなるほど、翌年度の予算の確定時期が（ＩＴ分野に限らず）早まっている気配を感じます。８月にもう次年度予算の策定と確定を進めている会社も。ある大手電機メーカーの課長は「そんなに早い時期に、精度の高い予算が立てられるわけがない」と毎年ため息をついています。

ただでさえ、不確定要素・変動要因が多いITプロジェクト。予算ありきの発想は無謀といえるでしょう。

②スケジュールありき

予算のみならず、スケジュールにも柔軟性がない。なぜかわからないが、8月末リリースを死守しなければいけないらしい。どんなに要件が膨らんでも、とにかく8月末が絶対。だれも疑おうとしないし、お客もお上と調整しようともしない。とにかく、最初に決めた納期が絶対。そこに、IT業界特有の2つの要因が絡んで、さらに時間の余裕を無慈悲に奪います。

多重請負構造

出ました！　業界名物、ベンダーの多重構造。1次請け、2次請け、3次請け。次数が増えれば増えるほど、都度余計な管理業務、報告業務が乗る。各社がバッファ（余裕しろ）の時間を積む。するとどうなるか？　1日で終わるはずのレビューに、3日も4日もかかる。当然、本来業務の作業時間がどんどんカツカツになる。

お客側にも、同様のムダが。ユーザー部門と情報システム部門の間に大きな壁がある。お互いがお互い、報告資料のための資料を作る……ううむ。

PMOの横やり

PMOは、本来、PM（プロジェクトマネージャー）の片腕となって、ITプロジェクトの進行を補佐をする、プロジェクトマネジメントの支援をする人たち……なハズなのに。細かい帳票や報告書を作って、やれ「進捗報告をしろ」だの「品質報告をしろ」だの上から目線で言ってくる。発現可能性が低いリスクに過敏に反応して、現場に総点検させようとする。気がついたら、プロジェクトの足を引っ張る〝プチ本社様〟。こうして、現場の余計な管理業務、報告業務がまた増える。嗚呼。

……と、さらにもう1つ。

購買部門の干渉

購買部門様。もちろん、世の中にはIT業界の慣習やマネジメントや技術がわかっていて、プロジェクトのためにいい仕事をする購買部門もあります。しかし、残念ながら

・ＩＴに無知な購買担当者がベンダーに無下な価格交渉をする
・プロジェクトの進行を止めて、ベンダーの時間と稼動を奪って、自分たちのコスト削減欲求を満たすためだけに延々と交渉を続ける

そんな理不尽なケースが散見されます（自動車業界や電機業界の購買部門によくあります。ＩＴについてトンチンカンなのに、ずけずけ乗り込んできて、交渉しようとする）。当然、ＩＴ、プロジェクトのスケジュールは厳しくなる一方。現場のメンバーたちの脳裏に広がる、先々のデスマーチの光景……。

購買部門のみなさん、お願いです。ＩＴのことがわからないなら、わかる努力すらなさらないなら、余計な口出ししないでくださいね。あなたたちは、黙って発注処理だけしていてください。

③「運用でカバー」

昔から、ＩＴの世界にはすばらしいフレーズがあります。それは……

「運用でカバー」

耳を澄ましてみてください、あなたの現場でも、今日もどこかで囁かれているかもしれませんね……などと呑気なことを言っている場合ではありません！　これ、悪魔のフレーズです。「とりあえず作っとけ。運用でなんとかする！」で、運用センスのない人たちが作ったシステム、まもなくリリース。ところが……

「ユーザーマニュアルないよね。このシステムの使い方、どうやって説明するの？」
「それどころか、ヘルプデスクの対応マニュアルもないんですけど……。これじゃ、問い合わせに対応できません！」
「そもそも、システムをリリースする旨のユーザーへの周知、だれか考えています？」
「マスターデータの変更って、どういう申請書を使って、どういうフローで、だれが、どう対応するの？」

リリース間際になって、「あれがない！」「これどうするの？」の嵐。みんなシステムの機能を作ることしか考えていなかったものだから、当然といえば当然。なんとかリリースしたものの、今度は……

- **必須機能の実装漏れだらけ**
- **性能、使いやすさ、拡張性、可用性など（非機能要件）の考慮漏れだらけ**
- **過密でいつも綱渡りな夜間バッチ処理**

使えないシステム、運用できないシステム、できあがり！

でもって、事情をまったく知らない運用担当に、突然引き渡される。開発時に顕在化していたバグ情報も、いっさい引き継がれないまま。それでは「運用でカバー」しようがない……。当然、ユーザーのクレームも頻発。だれも幸せになりません。

運用でカバーすればいい——すなわち、問題の先送りです。「とりあえず作っておいて、後は運用部隊にナントカしてもらえばいいさ」それは、あまりに無責任です。

考えてみてください。システムの開発は1年かそこらで終了します。プロジェクトも解散します。しかし、そのシステムはリリース後、3年なり5年なり10年なり使うわけです。ユーザーと運用者は、そのシステムと何年も付き合っていくのです。開発担当者のその場しのぎの安易な判断が、多くのユーザーと運用者を何年もの間不幸にします。

こんな無責任な「運用でカバー」体質を繰り返していると、どうなるか?
開発と運用、どんどん仲が悪くなります。同じ社内なのに、同じプロジェクトのメンバーなのに、高い壁ができあがって、リスペクトがなくなる。こうして、お互いの景色を見ようとしないまま

- 開発は「とりあえず作ればいい!」「運用でカバー」モードで突っ走り、テキトーに運用に引き渡そうとする
- 運用は、頑なに開発メンバーと関わろうとしない。開発からなかなか運用業務を引き取ろうとしない

(例「すべての運用パターンのマニュアルを作成してくれるまで、私たちは引き取りません」)

こんな分断体制ができあがります。お先真っ暗。

④「俺ら、ITシロウトだから!」

「俺ら、ITシロウトだから!」

お客（システムを使う利用部門、時に情報システム部門）にありがちな、キメ台詞。このフレーズの前後にある問題、5丁目でじっくりたっぷり料理しますが、ここにもちょこっとお目見え。

お客がＩＴのことがよくわからない（加えて、開き直る）。それが、ベンダーの「とりあえず、作れるものだけ作っとけ！」モードに拍車をかけます。ベンダーはとにかく見えやすい、わかりやすいものから作る。で、見えにくいもの、隠れた要件の検討は後回し。最悪、運用でカバー。③に続く……。

「予算の問題はどうにもならない」「スケジュールだってコントロールしようがない」……とあきらめていては、現状はいっこうによくなりません。不幸なスパイラルを繰り返し続けるだけ。難題ではあるものの、工夫してマシな状態にもっていっている事例はあります。いくつか紹介しましょう。

共通リザーブ予算を確保しておく

システム予算を組む、お客側の工夫。すべてのシステムプロジェクト共通の、リザーブ

☑ 共通リザーブ予算を作ってコントロール

予算枠を毎年設けている企業があります。次年度のシステム予算を組む際、何割かを情報システム部門（あるいはシステム利用部門）共通の財布に組み込んでおきます。各プロジェクトでどうしても予算が足りなくなった場合は、規定の「リザーブ予算利用申請」をおこなう。承認されると、リザーブ予算の中から追加予算が付与されます。

もちろん、プロジェクトマネージャーはなるべくリザーブを使わないよう、予算を最大限の努力でコントロールするべきです。そうはいっても、要件を見通しにくい、環境が変わりやすいのがシステム開発。共通リザーブ予算は、合理的かつ健全な仕組みといえるでしょう。

「要件定義とそれ以降」「今年度と次年度」を分ける

ユーザーとベンダーとの契約は、要件定義とそれ以降（外部設計以降）で別にする。ベンダーのリスク回避の基本中の基本ですが、いまだに要件定義～システム引渡しまで一括の請負契約を結んでしまって泣きを見るベンダーも少なくないようです。その結果、要件が当初の想定よりも大幅に膨らんだのに、当初に決めた金額の枠内でベンダーが吸収せざるをえない、スケジュールも延ばせない――そんな悲劇があとを絶ちません。

・契約は、要件定義でいったん区切る
・要件定義の成果物を見て（なおかつ、要件定義を通じてベンダーとユーザーお互いのスキルレベルや組織体制のリスクを見極めて）、それ以降のフェーズを見積もり、契約する

それが、ユーザーとベンダー双方のためです。

そして、無理に当該年度の予算でナントカしようとしない。この割り切りも大事。

・年度内にリリースする機能を絞る
・対象ユーザーを絞る
・要件定義と、それ以降で年度を分ける

無理をしすぎず、関係者とかけあってスケジュールを調整する。これも〝マネジメント〟です。

☑ 要件定義とそれ以降は別契約にする

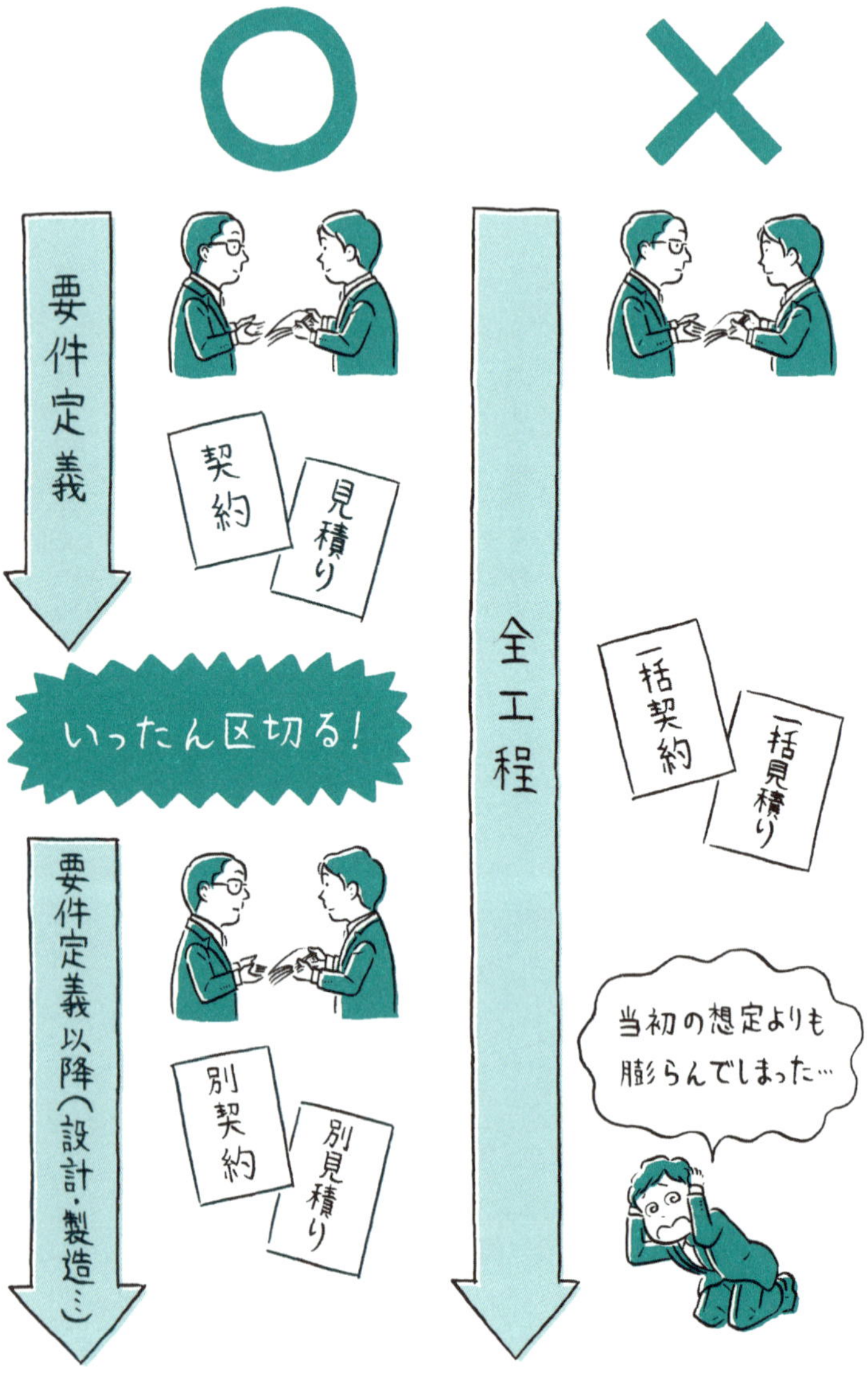

本音を引き出し、裸のスケジュールを引いてみる

プロジェクトに参画しているベンダー各社、全員が全員（全社が全社）、バッファを積んだら、当然プロジェクトのスケジュールは膨れ上がります。カツカツになります。

「各々が、どれだけのバッファを積んでいるのか？」

それを見極め、いったんバッファを積まないまっさらなスケジュールを引いてみる。
そこに再度、最低限必要なバッファを積みなおす。
そこから、適切なスケジュールに調整する。

それが、プロジェクトマネージャーの重要な役割の1つです。「お客に言われたままのスケジュールをただ現場に押し付ける」あるいは「現場が申告したスケジュールを鵜呑みにして、そのまま積み上げる」だけなら、だれでもできます。プロジェクトマネージャーの力量は、「いかに関係者の本音を引き出し、お客とベンダー双方の信頼を得るか？」に

かかっているといっても過言ではありません。
そのためには、各社との対話と信頼関係構築が大事。

「この人は本気だな」「この人なら信頼できる」

そう思ってもらえる人でないと、お客さんもベンダーも本音で話してくれません。プロジェクトマネージャーはフットワークよく駆け回って、コミュニケーションを重ねましょう。

各社からバッファの載ったスケジュールをヒアリングしていると、次の2つが見えてきます。

・相手先（お客、自分たちより上位にいるベンダー）に対して見ているリスク

例 なかなか決めてくれない、忙しくてつかまらない、変更が多い、決裁手続きが遅い、主体性や責任感がない、技術レベルが低い、経験がない、IT知識がない……

まっさらなスケジュールを引いて、そこからバッファを積む

まずは、素のスケジュールを引いてみる

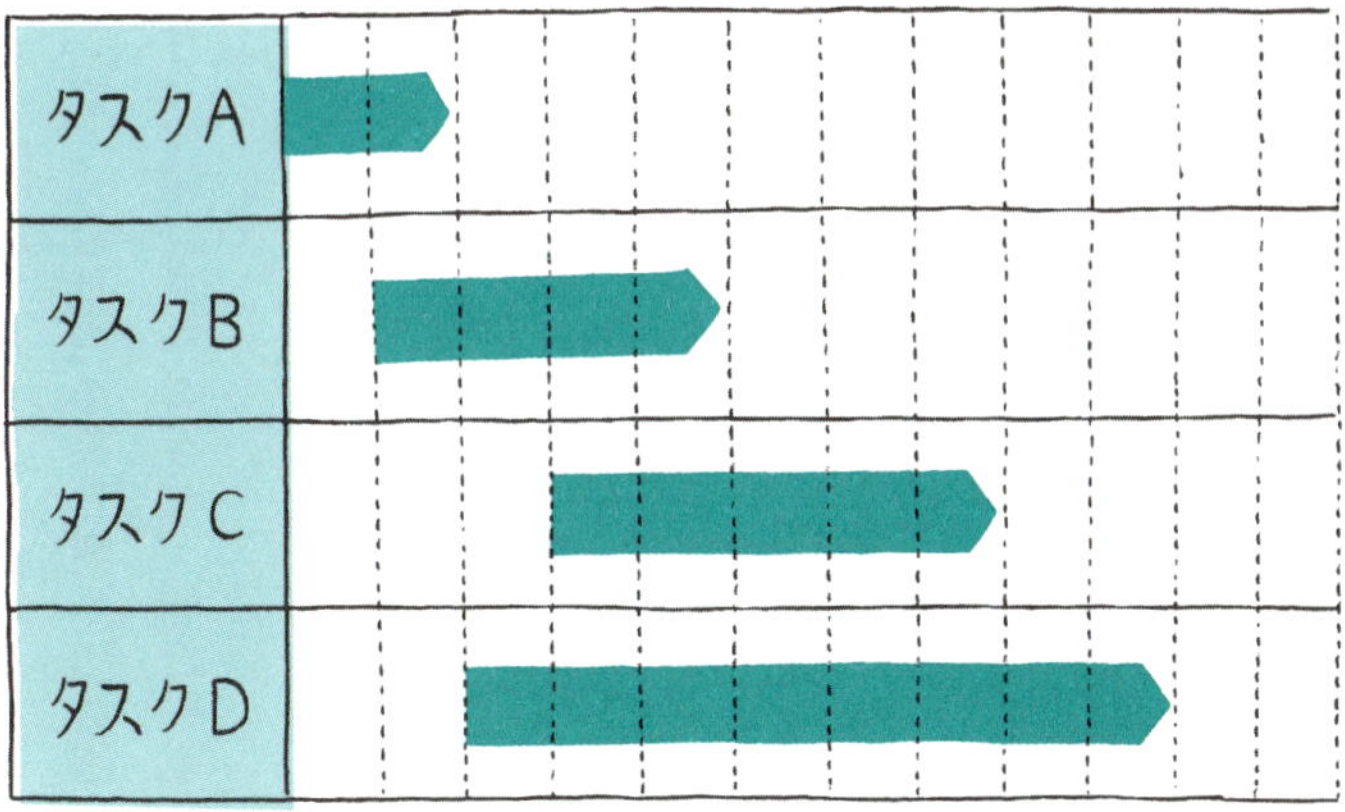

そして、バッファを積んでみる

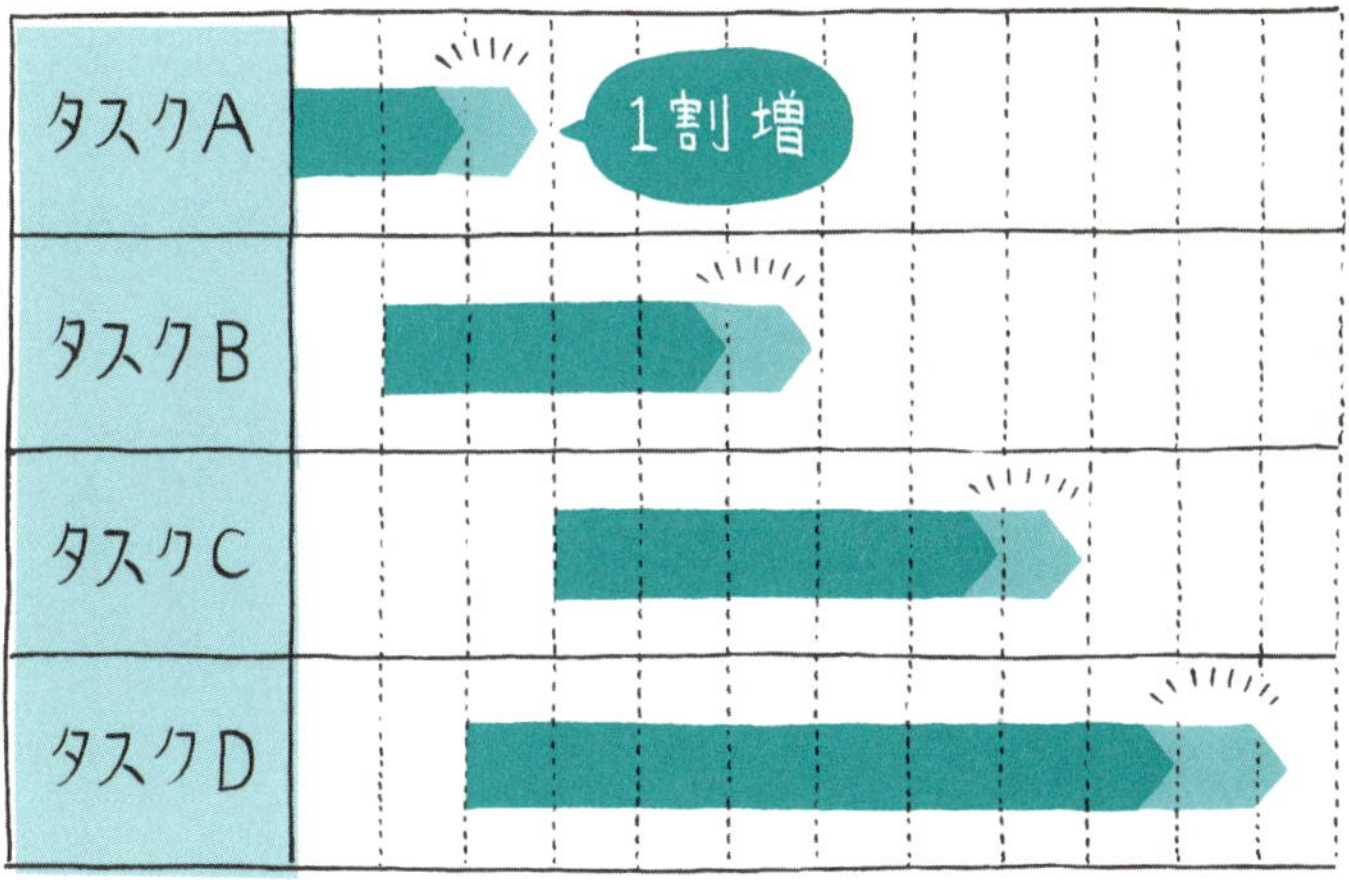

・自社内の無駄な業務やリスク

例　自社内の責任者への各種報告の存在。そのプロジェクトの上位ベンダーやお客への報告業務の存在。報告書が細かすぎて書くのが大変。定例会議が多い……

こうしたリスクやムダには、ユーザー起因のものもあれば、プロジェクト特有のものもあれば、ベンダー各社固有のものもあります。それらをいかに引き出すか、見出すかがポイント。プロジェクト全体で、時にお客とかけあって、全体のムダをなるべく排除していく。それにより、無駄なバッファを減らすことができます。

変更情報はフラットかつスピーディに共有

「え、要件が変わったんですか？　聞いていません」

「当初と目的が変更になった……んですか？」

「そんな重大な瑕疵があったんですか!?」

「え、それって運用で対処するんですか？」

知らない、聞いていない、「え、そうだったの?」。情報共有不足は、積もれば積もるほど、リーダーに対する現場の不信感、モチベーション低下、一体感の低下につながります。

- 方針の変更
- スケジュールの変更
- 要件の変更
- トラブル情報、インシデント情報

プロジェクトマネージャーは、こういった情報をいちはやく全体共有しましょう。もちろん、現場への指揮命令は各社のマネジメント体制に従わなければなりません(ベンダーのメンバーへの直接指示は、偽装請負とみなされる恐れがあります)。しかし、情報の共有は工夫次第で、いくらでも速度を上げられます。

- オープンエリアを作って、そこでアナウンスする
- 全員が通る動線上に掲示板やホワイトボードを置いて、貼り出す
- デジタルサイネージを使う

やり方はいろいろあります。それにより、メンバーは速やかに考えて動けますし、なにより情報を公平に共有されることでプロジェクトへの帰属意識が高まります。

人は、情報を与えられないと疎外感を感じる生き物です。戦時中、海の向こうの大陸や孤島で奮闘していた兵隊たちは、大本営からの情報がなくて孤独感と疎外感を感じたといいます。やがて、自国に対して反感を持つ兵隊も少なくなかったとか。「情報の共有不足は、メンバーの帰属意識や一体感を削ぐ」それは、歴史が証明しています。

（指揮命令系統には十分留意しつつ）プロジェクトの重要情報はなるべくフラットかつスピーディに共有。多重請負構造の、マルチベンダー組織だからこそ意識したいものです。

スケジュールの見積もりと情報共有は、プロジェクトマネージャーが一手に引き受けるのが難しければ、ＰＭＯが助ける（あるいは代行する）のもアリでしょう。ＰＭＯの存在価値の向上にもつながります。

もちろん、お客であるユーザー（システム担当者、責任者）も他人事のような涼しい顔をしていてはダメ！　あなたには、プロジェクトマネージャーを含むベンダー各社がスムーズに仕事できるよう環境を整えたり、社内の関係者と調整する責任があります。

「働き方改革」ムードが漂うご時勢。２次請け、３次請けなど下請けの労働環境改善も、日本社会の課題として問題視されるようになってきました。「こんなムダがある」「お客さん、ここをこう改善してください」が言いやすい雰囲気になりつつあります。世の中の気運も利用して、ポジティブに環境を改善していきましょう。

変更管理、リリース管理を徹底する

変更のないシステムプロジェクトは、ありえません（断言）。ごくたまに「当社は、パッケージソフトをそのまま適用する。カスタマイズはいっさいしない。だから変更なんてありえない！」とチャレンジングな目標を声高に掲げてプロジェクトをキックオフするユーザー企業を見かけますが、蓋を開けると、結局変更要求だらけ、カスタマイズだらけ。ユーザー側は変更なんて想定していないものだから、変更するための予算もなければ、変更を審査する承認プロセスもない。当然、現場はグチャグチャ。振り回されるベンダーもヘトヘト。

いかなるプロジェクトでも、変更管理のルールやプロセスはあらかじめ決めておきましょう。変更管理とは、システムの要件の変更、スケジュールの変更、構成要素（ハードウェア／ミドルウェア／ソフトウェア／インフラほか）の変更、機能の追加、予算の追加などあらゆる変更を評価して、承認／却下の判断をするための手順を決めることです。

リリース間際にいつもどたばたする。「あれがない」「これがない」と大騒ぎする。そんな現場は、リリース管理のプロセスを見直して立て直しましょう。リリース管理とは、新しいＩＴサービスの追加や変更を、抜け漏れなく確実に本番環境に反映する（すなわちリリースする）ための手順や観点を決めることです。

変更管理、リリース管理いずれも、ＩＴ運用管理・ＩＴサービスマネジメントの世界では共通言語として用いられています。くわしい解説やフローは、ＩＴＩＬ®などＩＴサービスマネジメントの書籍をひもといてみてください。

運用者を上流に参画させて！

後先考えない、無責任な「とりあえず作っとけ！」に歯止めをかける。

不幸な「運用でカバー」をなくす……のは無理でも、減らす。

アタマでわかっていても、作ること優先、目先のスケジュール優先で、結局運用視点が抜け落ちる。結果、リリース前後で火を吹いてメチャクチャになる。どんなに「運用視点が大事だ！」と運用部隊が正論を振りかざしても、なかなかお客も営業も開発も動いてくれません。

ここはひとつ、運用経験者や運用責任者にプロジェクトの上流から参画してもらいましょう。

外資系企業では、運用管理者やヘルプデスクメンバーがシステム開発の上流工程やクラウドサービスの選定に参画します。運用できないITサービスをリリースしないため、および「運用でカバー」の兆候を早期に察知し、早めに運用設計やユーザーマニュアルや申請書などの資材、システムで対応できない例外業務のフローなどを準備できるようにするためです。

以前、USAのIT企業のITサービスマネージャー（運用管理責任者）と意見交換したときのこと。彼が語ったひと言が、いまでも私の心に焼き付いています。

「当社のシステムは、ITサービスマネージャーの承認なしにはリリースできません」

いわく、次の各工程にITサービスマネージャーが参画してレビューし、承認／非承認を判断するとのことです。

・要件定義の終了判定
・設計工程の終了判定
・変更判定
・リリース判定
・総合試験、運用試験の終了判定

運用がウンといわないと、先に進めない。これにより、「運用でカバー」の無責任なシステムのリリースを防止できます。運用者のプレゼンスが高いのも印象的でした。運用者を上流に参画させることで、要件定義や外部設計の段階で……

・システムを実際に使ううえでの良し悪しや、抜け漏れを見つけやすくなります

例 機能、性能、インターフェースの使いやすさ、例外業務パターンに対する考慮、バッチ処理、メンテナンスしやすさ

・何を運用でカバーすべきで、何を機能でカバーすべきか、その場で協議／判断できます

・豊富な「悲劇」体験から、運用後に火を吹くポイント、開発段階で絶対ハズしてはい

けないポイントを知ることができます

・たとえ「運用でカバー」になったとしても、（要件定義の段階で気づいているので）時間をかけて運用方法を検討することができます

・運用マニュアルやヘルプデスクマニュアルを、前倒しで作成することができます

・開発時に顕在化した課題を早期に発見して、運用対処を考えておくことができます

いかがでしょう？　これらの知見を使わないって、もったいないと思いませんか？　営業や開発担当者が運用視点を持っているに越したことはありません。が、専門外の領域の視点を持って使いこなすって、なかなか難しいもの。ここは無理せず、専門家を入れましょう。あるいは、お客さんからベンダーのプロジェクトマネージャーにひと言いってあげてください。「運用担当者をプロジェクトに入れてください」って。

購買部門は情報組織の中でのジョブローテーションも要検討

ＩＴ業界の構造、商習慣、慣習、法律、プロジェクトマネジメントの基礎知識、ＩＴサービスマネジメントの基礎知識、プロジェクトの基礎知識、ベンダーの実体、ＩＴ技術、ＩＴの潮流……これらをまったく知らず、あるいは勉強しようともせず、ふた言目には「ＩＴシロウトだからわからなくて当然」と開き直る購買担当者。

はっきり言って、邪魔以外の何者でもありません。

プロジェクトのコストやスケジュールが厳しければ厳しいほど、多重請負構造になればなるほど、時間をかけての価格交渉やコスト削減は現場にとって致命的。また、理解なきコスト削減要求は、ＩＴ技術者のプライドを大きく傷つけます。

ずばり、ＩＴ担当の購買組織を置くなら、ＩＴの知識や経験がある人材を据えましょう。

自動車業界など、購買部門の組織内でジョブローテさせ、車両部品や原材料の購買担当者がＩＴ購買担当についているケースが多いようです。これがうまくない。往々にして、ＩＴのことをわからないため的外れな要求を繰り返したり、現場の社員やベンダーに無駄なコミュニケーションコストを発生させることが多いです。また、購買部門の論理が最優先になり、コスト一辺倒の発想になりがち。「シロウトのほうが、大胆なコスト削減要求ができる」という考えもあろうかと思いますが、ダイバーシティ（多様性）と非礼を履き違えてはいけません。また、一歩会議室を出れば、ベンダーの担当者もあなたの会社の製品のお客様です。購買担当者は自らが自社ブランドの接点であることをお忘れなきよう。

ジョブローテーションは、購買職種軸ではなく、ＩＴ職種軸でしたほうがいいでしょう。

・情報システム部門内のジョブローテーションの中で、購買担当をアサインする
・IT業界の経験者を中途採用する

ＩＴ購買組織の価値向上、担当者（ＩＴ人材）の成長、両方につながるメリットがあります。

PMOは現場を助ける役割

PMOの役割は、プロジェクトの円滑な進行と成功を助けることです。

- 現場のプロジェクトマネージャーに代わって各種資料を作る
- 報告のフォーマットは、現場で使っているものでよしとする（わざわざ報告のための資料を作らせない）
- 聞きたいことは、自ら現場に飛んでいってヒアリングする（報告させない）
- 課題管理を代わりにやる
- プロジェクトマネージャーが大変そうなら、ベンダー各社へのヒアリングや調整も代行する

こういった動きができているPMOは、社内の信頼も厚く、プロジェクトからも歓迎されます。PMO＝本社の偉そうな評論家であってはいけません。PMOを無用なサイロ化集団にしないためには、

・ジョブローテーションをして、開発プロジェクトマネージャー／運用管理者／営業担当者をＰＭＯにアサインする
・（会社を超え）ＰＭＯ組織同士で交流をして、お互いの取り組みを共有する
・ＰＭＯのあり方を議論する

そういった努力も大事です。

システムの問題地図

4丁目

「抜け」「漏れ」だらけ

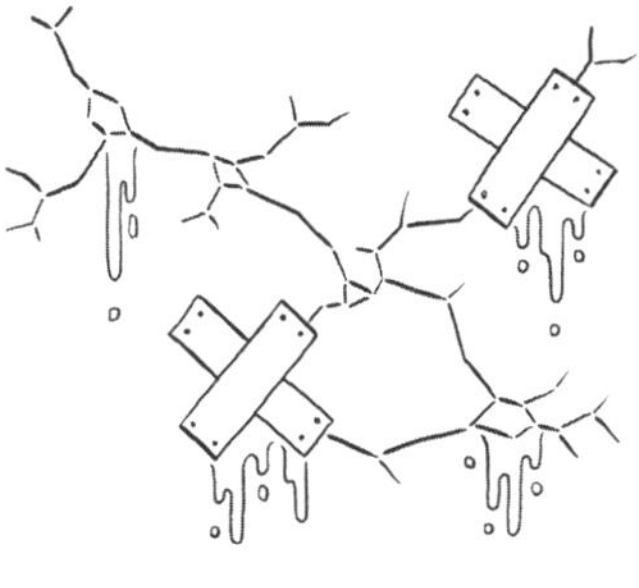

行先
使えない・残念な
システム

新システム、ついにリリース！

予算は膨らんだ。スケジュールも遅れた。プロジェクトメンバー同士、お客さんとベンダー、すれ違ったし、喧嘩もした。紆余曲折はあった。でも、なんとかここまで漕ぎ着けた。

ところが、いざ蓋を開けてみると……

「え、この業務パターン、新システムで対応していないんですか？（使えねー）」

「挙動が遅くて、使い物にならないんですけど……」

「結局、手運用だらけ……」

「わかってないなぁ。支店は本社に報告しない隠し売上目標金額（裏数字）をＥｘｃｅｌで管理してるんだよね。こんなシステム作ったところで、だれも使いやしないよ」

「〝わざわざ〟システムに売上を報告する仕事が、余分に増えただけなんですけど……」

あちゃー！　やってしまった。機能の抜け・検討漏れ、業務パターンや利用シーンの考慮漏れ……

「抜け」だらけ、「漏れ」だらけ。

抜け漏れは、システム開発のみならず、ビジネスのあらゆるシーンで私たちを悩ませます。手戻りを発生させるのみならず、定常化すると、そこで働く人のモチベーションも下げる。いわんや、お客さんやビジネスパートナーからの信頼も低下させる。

抜け漏れの負のスパイラル、なんとか断ちたいもの。さっそく、システムの現場における抜け漏れ発生地図を広げてみましょう。

これが「抜け」「漏れ」の負のスパイラルだ！

どれもなかなか手強そう。6つの強敵にスポットライトを当てます。

①隠れたステークホルダーを洗い出しきれていない／ほんとうのステークホルダーに聞いていない

②要件を言語化しきれていない

③後送り体質&運用マル投げ

☑ 断て、断つんだ！「抜け」「漏れ」の負のスパイラル

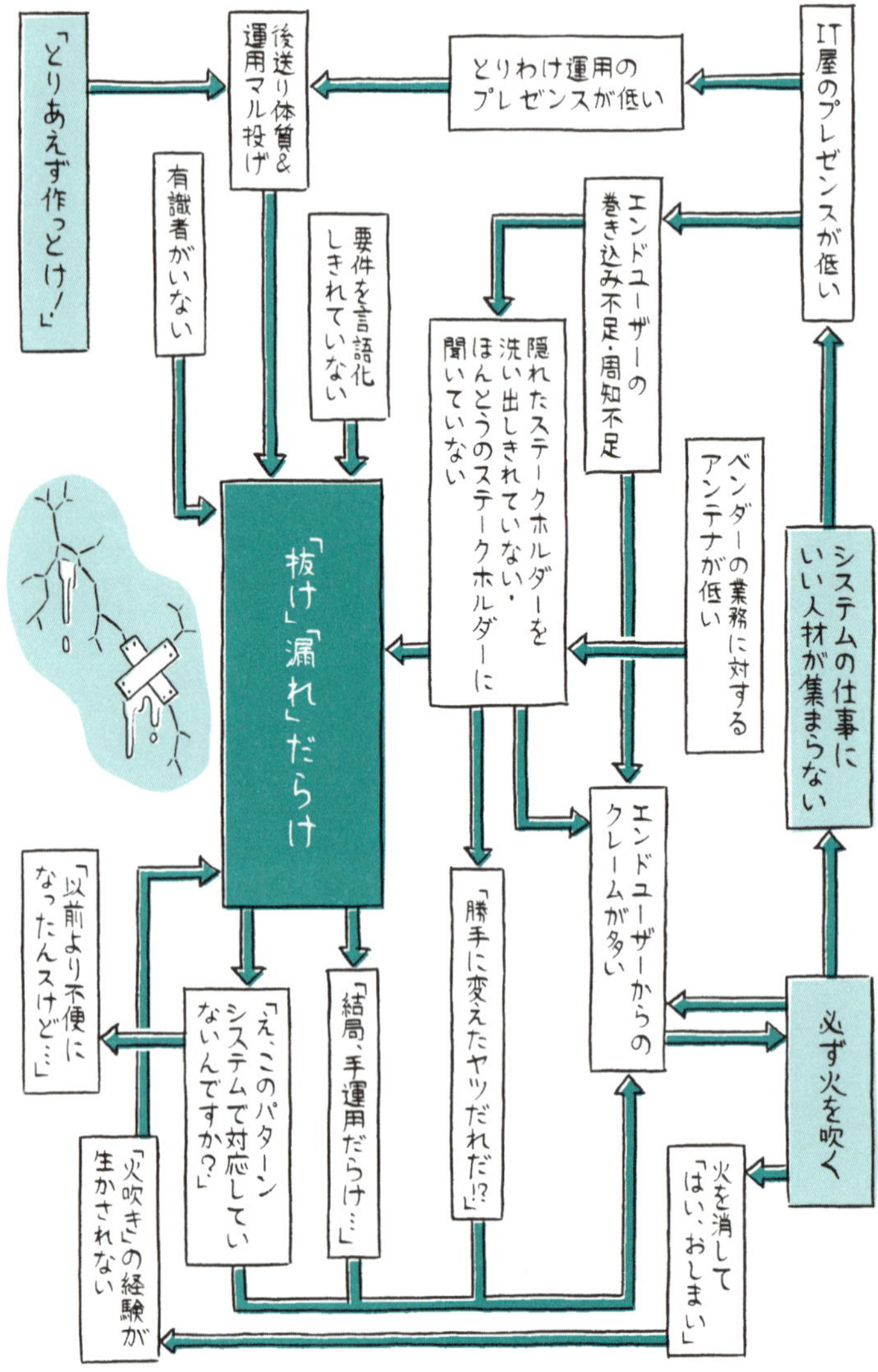

④有識者がいない
⑤「火吹き」の経験が生かされない
⑥IT屋のプレゼンスが低い

①隠れたステークホルダーを洗い出しきれていない／ほんとうのステークホルダーに聞いていない

・エンドユーザーの多くは50歳以上のシニアスタッフ。画面の文字が小さすぎて見にくい
・薄い文字や背景色が多くて、視覚障がいのある人が視認できない
・画面に表示される店舗別の在庫数データ。店長が閲覧するだけではなく、店員が目視で倉庫の実在庫と照合して在庫数を確認する作業に用いる（ほんとうのステークホルダー＝店員）。よって、店長しか見られないでは意味がないし、紙に出力できないと意味がない……

この手のトラブル、枚挙にいとまがありません。
エンドユーザーを手助けするヘルプデスク、裏方でシステムを守る運用部隊への考慮漏

れによるトラブル・ストレスも。

・画面のつくりと遷移が複雑すぎて、エンドユーザーに説明しにくい
・画面の名称がどこにも表示されていない。操作マニュアルで解説しづらい、ヘルプデスクもうまく説明できない

そんな問題がリリース間際に発覚！　最悪、切り戻し（新たにリリースしたシステム／機能を諦めて、元のシステム／機能に戻すこと）なんて事態にも。

要件定義や設計の段階、せめてテストの段階でわかっていたら、手の施しようもあったのに……。

②要件を言語化しきれていない

・レアな業務パターン、イレギュラーな業務パターン
・エンドユーザーには見えない、システムの裏側の処理（バッチ処理など）
・画面切り替えのイメージ、画面スクロールせずに（1画面で）閲覧できる情報の量
・セッションがタイムアウトするまでの時間、同時アクセス数

要件定義の時にエンドユーザーにヒアリングしようと試みるも、なにかと漏らしてしまいがち。すなわち、要件が言語化できていない！

でもって、楽観的な業務フローや仕様ができあがる。いざリリースしてみると……とんでもない「無理ゲー」（＝クリア困難なゲーム）になってしまった！

・月末最終稼動日に、全社員に、夕方の1時間以内に、勤務時間の登録を完了させる……って無理でしょ！
・決裁者が変更できない……って、決裁者が不在の時はどうするの？　決裁者が退職したら？
・登録したデータはいっさい変更できない……って、入力ミスしたらどうするの？
・売上データ、前月との差分の数字をインプットしろ……って、わざわざ差分の数字を電卓で計算して、上司に確認してもらう手間が発生するのね
・検索結果、1画面で表示されないため、確認漏れ〜ミスが多発……
・60秒でタイムアウトする。いままで入力したデータは保存されない。……なるほど、

このデータを入力するときは、死んでも席をはずすなってことですね！

耳を澄ませば（あ、澄まさなくても？）聞こえてくる、現場の叫び。

③後送り体質&運用マル投げ

開発中に発覚したこれらの抜け漏れ。しかし、開発プロジェクトのメンバーは苦しまぎれにこう言い逃れする。

「運用でカバー」

出た！　伝家の宝刀、「**運用 de カバー**」。

「データを誤登録した場合、所定の申請書にデータ修正依頼の内容を記入して、上長にハンコもらって、ヘルプデスクに提出して、運用管理者が承認して、運用担当者が修正作業をする」

いったい、なんのボーナスステージでしょう？

増えるエンドユーザーの手間、増える運用作業項目……。こうして、いらぬ稼動とストレスがどんどん増えていく。システムは「無理ゲー」大会でしたっけ？

④有識者がいない

そもそも、システム開発／導入プロジェクトに業務の有識者がいない（酷いときには、使おうとしているパッケージソフトウェアやクラウドサービスの有識者すらいなかったり）。運用の有識者もいない。ベンダーの開発者だけで、情報システム部だけで、「こうだろう」「そうに違いない」「こうあるべきだ」の「だろう」と「べき論」だけで進めてしまう。そりゃ、空振りして当然ですって……。

⑤「火吹き」の経験が生かされない

この手の残念なシステムを生み続ける会社、過去にも同様に火を吹いた事例を山のように経験しているはず。なのに、同じ「抜け」「漏れ」そして火吹きをまた繰り返す。さながら、火吹きはシステムプロジェクトの恒例行事であるかの如し。

「何度も繰り返す、同じミス、エンドレス」

⑥ＩＴ屋のプレゼンスが低い

こんな茶番劇や「無理ゲー」を毎度毎度繰り返していると、どうなるか？

「ウチの情報システム部門、使えねぇ」
「だからＩＴ担当部署はダメなんだ……」
「ＩＴベンダーって、残念な人たちだよね」

ＩＴ屋のプレゼンス（地位）がどんどん下がります。そうすると、ますますエンドユーザーもシステムプロジェクトのヒアリングや導入に協力してくれなくなる。ＩＴ屋に聞く耳を持ってくれなくなる。ますます、的外れな使えないシステムが生まれるようになる。うらん、負のループだ……。

何ていいましょうか。楽観的に（あるいは希望的観測で）突き進み、ハズしまくり、対策が後手後手になり、グダグダで残念な感じ。もはやなす術ナシ？

いやいや、そんなことはありません。人間関係の再構築、スキルアップ、経験学習の強化……やれることはいくらでもあります。手をつけられるところからテコ入れして、汚名挽回といきましょう。

巻き込む！　ための4つのポイント

とにもかくにも、実際にシステムを使うエンドユーザーを巻き込む。プロジェクト成功の鍵の1つです。巻き込むためのポイントを3つ。

プロジェクトメンバーとして参画してもらう

エンドユーザーは、「単なるヒアリング相手」なのと「プロジェクトメンバー」なのとでは大きく意味が違います。プロジェクトメンバーは、そのシステムプロジェクトの達成に責任を持ちます。プロジェクトの「中の人」として、メンバーといっしょに汗をかく。本人の当事者意識にも責任感にも差が生まれます。できることなら、プロジェクトの「外の人」ではなくて、「中の人」として参画してもらいましょう。

部分的に参画してもらう

エンドユーザーにプロジェクトにフルに参画してもらえればベストですが、なかなかそうはいかないもの。ベンダーが提示する提案書には「業務に熟知したエース級の社員の投入をお願いします」とお決まりのフレーズが記載されていますが、ただでさえ忙しいエース級の社員、ずっと確保できるなんて思わないほうがイイです。

- **各レビュー（要件定義完了／設計完了／テスト完了／変更判定／リリース判定）のみ参画してもらう**
- **ほかのエンドユーザーへのシステムの周知／普及／教育役だけを担ってもらう（大きな組織の場合に、特に有効）**

このような〝部分的な巻き込み〟も検討しましょう。

巻き込む相手、ここに注意

「なんとかエンドユーザーを巻き込んだ。プロジェクトにも参画してもらうことができた。だがしかし、ヒアリングして検討した機能も業務フローも抜け漏れだらけ、空振りだらけ！　なんでこうなるの？」

ひょっとして、ヒアリングをする相手をまちがえたかもしれません。2つ、例を挙げましょう。

イケていない人

ヒアリングした相手が、じつは業務をまったくよくわかっていない人だった。

「事実」と「思い」「想像」の区別ができていない人だった。

現行の業務フローに固執しすぎ（ベテラン風のシニア社員などによくあるパターン）。

特に社内において、利用部門のシステム担当や情報システム部門のプレゼンスが低い場合は要注意。システム対応業務が、新入社員に丸投げされていたり、「アウェイすぎる」人たちに任されていることがあります。

イケすぎているスーパースター

文字どおり、エース級にバリバリ活躍するスター社員登場！　……とほっとしたのもつかの間。

「レベルが高すぎて、だれにもマネできない！」

加えて、この手のスーパースターに陥りがちなのが、「言語化不能」。自分がやっていることを言葉で表現できない。これでは、業務フローはいつまでたっても書けません。「ヒアリングしたからＯＫ！」ではダメ。「おや、この人は……」と思ったら、プロジェクト内で相談して、ヒアリングする相手を変えてもらう。その勇気も大事です。

日ごろから業務部門との接点を作っておこう

エンドユーザーを巻き込みやすくするには？　エンドユーザーが喜んで巻き込まれてくれるためには？　やはり、常日頃のコミュニケーションが大事です。

- **日ごろから、業務部門のフロアに顔を出す**

・業務部門との定例情報交換会をおこなう
・業務部門のイベントや勉強会、交流会に参加する
・業務部門向けの勉強会を開催する（テーマは「Ｅｘｃｅｌ関数講座」など軽めのものでもいい）

こういうちょっとした取り組みの積み重ねが、信頼と相互リスペクトを育み、協力してもらいやすい風土を醸成します。

システムプロジェクトは、「きちんとやれば」若いうちからさまざまな能力を身につけることができる、魅力ある仕事です。プロジェクトマネジメント能力、業務設計能力、課題発見能力、問題解決能力、プレゼンテーション能力、交渉力……そういった能力が身につく魅力を業務部門に伝え、エンドユーザーの参画意欲を高める。ともに成長する。そんな組織文化を創っていきたいですね。

逆に、ベンダー丸投げ、知らん顔、無責任、偉そうな評論家（ベンダーの仕事にケチをつけるだけ）でふんぞりかえっていては、組織も人も成長しません。

時には強力なトップダウンも大事

そうはいっても、非協力的なエンドユーザー、現状に固執して変えたがらない社員はいます。時に、トップダウンのアプローチも大事です。

- **社内報**
- **年初式**
- **部門のキックオフミーティング**
- **社内メールマガジン**
- **社員との対話会**

そのような機会をとらえて、社長や部門長からシステムプロジェクトに協力するようメッセージを発信してもらう。「システムプロジェクトに参加することで、組織が、個人がどう成長するか?」を語ってもらう。

とりわけ、「グローバル全拠点でERPを導入してシステム統合」などの大がかりなプロジェクトの場合、トップからボトムまでその意志を浸透させ続けないと、まちがいなく頓挫します。蓋を開けたら、カスタマイズだらけ。結局各拠点でバラバラ。経営も、エンドユーザーも、情報システム部門も、ベンダーも、だれも幸せにならない。トップダウンのアプローチも、積極的に検討しましょう。

ヒアリングの技術を駆使しつつ、「いっそヒアリングはしない」という割り切りも

1丁目でも出てきましたが、業務設計力を身につけて、「抜け」「漏れ」に早期に気づき、早めに対策を講じるのはとても大事。ただ、業務の流れや勘所を言語化できない（なおかつ忙しい）エンドユーザー相手に、どうヒアリングを進めたらいいでしょうか？　有効な方法を2つ挙げます。

インタビュー手法を駆使する

さまざまな角度の質問で、エンドユーザーの無意識にアプローチしたり、気づかない気づきを引き出したりする「デプス・インタビュー」などの手法も最近では駆使されていま

す。このようなインタビューの専門家を呼んで助けてもらうのもありでしょう。実際、ある製造業の現場では、インタビューの専門家を呼んでエース社員やベテラン・シニア社員の業務のやり方や勘所を言語化させ、業務の再設計を進めています。

シャドーイングを実践する

担当者の隣や後ろに張り付いて、業務を見ながら業務フローやマニュアルを作るのが「シャドーイング」というやり方です。大手コンサルティングファームのアクセンチュアが積極的に取り入れています。このやり方であれば、エンドユーザーの手をそれほど煩わせずに現行業務を理解できます。自分たちでできそうになければ、コンサルティング会社に依頼するのも手です。

ただ、業務プロセスごと大胆に変える改革をおこなう場合など、そもそもエンドユーザーが理想の姿を描けないことも。ヒアリングをしていても埒があかない。全員で合意形成しようと試みて細かい要望やワガママがわんさか。でもって、先に進めない。

情報システム部門あるいはシステム担当が強力なリーダーシップを発揮して、理想の姿を宣言し、突き進む。抵抗勢力を抑えこむ。それくらいの覚悟も、時には必要です。

☑ ヒアリングの技術を駆使！

インタビュー手法を駆使する

シャドーイングを実践する

途中であきらめて投げ出したらそこまで。しかし、やり抜いて成果を出せば、情報システム部門（またはシステム担当）のプレゼンスはまちがいなく上がります。

運用の現場は抜け漏れを防ぐヒントの宝庫

3丁目のテーマ、再び。システムを使う側の事情や実態は、企画者や開発者がいくら頭で考えていても、机上で議論していても、想像の域を出ません。また、システムの裏側の日常は業務のプロ（エンドユーザー）に聞いてもわかりません。ここは、システム運用者の出番。ぜひ、要件定義などの上流工程から積極的に巻き込みましょう。

運用の現場はノウハウの宝庫です。運用者たちは、いいシステム、残念なシステム、さまざまなシステムを何年間もお守りして、エンドユーザー対応もしています。システムをあたりまえのように使えるようにする——その裏には、たくさんのノウハウ、勘所、知恵と技術が生きています。

時期によって、どんな問い合わせが増えるか？

エンドユーザーがどこに不便や不満を感じているか？

リリースや機能追加の直後にどんな問い合わせやトラブルが増えるか？

ヘルプデスクメンバーは、エンドユーザーの行動パターンやレベルをよく把握しています。

どんな機能がエンドユーザーに喜ばれるか？

どんな画面構成なら無駄な問い合わせを減らせるか、あるいは説明しやすいか？

運用メンバーは、それをよく知っているはずです。

そのノウハウ、埋もれたまま、活用されないまま、お客にはコスト扱いされる。もったいない！　だれも幸せになりません。

ある大手ＳＩ企業では、新システムや追加機能のリリース品質の悪さを問題視。運用管理者とヘルプデスクリーダーを上流工程から参画させることにしました。結果は上々、リリース時のインシデントが50～80％近く減少したといいます。お客さんも開発担当者も、運用メンバーやヘルプデスクに対して一目置くようになったそうです。

運用人材のモチベーションと主体性を引き出そう

トラブルがなくてあたりまえ。「ありがとう」といわれることなんてない。しかし、トラブルが発生すると槍玉に挙げられ怒られる。

なかなか日の光の当たらない運用の世界。メンバーのモチベーションは低空飛行になりがちです。

「私は、このまま一生ここで監視画面を見つめて、コマンドを打っているだけなの？」

キャリアパスが見えず、辞めていってしまう人もいます。

上流で活躍する運用者――その存在は、運用現場のモチベーションを上げます。新たなキャリアパスを示すことができます。

私自身、ＮＴＴデータに勤務していた時代は、ヘルプデスクの優秀なメンバーにシステム開発の上流工程に参画してもらい、要件の検討や業務設計を手伝ってもらったことが何度もあります。最初は受身だった彼女たちも、徐々に「こうしたほうがいい」「これはやめたほうがいい」と提案してくれるようになりました。早く情報が入ることで、モチベーションも前向きに変わってきました。彼女たちはみな、お客さんや開発に提言ができる立派な人材に成長しています。

「運用は受身だ」「なかなか仕事を引き受けたがらない」

そう嘆く経営者や情報システム部門長、開発責任者、少なくありません。でも、考えてもみてください。他人が作ったシステムが、現場のことをまったく考えずにとりあえず作られたイケてないシステムが、「運用でカバー」と丸投げされたシステムが、ある日突然降ってくる。だれが喜んで引き取りたがるでしょうか？　警戒して当然。そりゃ、「抜け」「漏れ」も発生しますって。

自分が上流工程から関わったシステムであれば、責任感も愛着も湧きます。主体性も生まれます。運用者の受け身なマインドセット、もしかしたらあなたが作っているのかもしれませんよ。

システムの運用業務は、ＩＴ業界を支える貴重な屋台骨です。働きがいのある、主体性のある職種に育てていきましょう。日の当たらない運用メンバーが上流で活躍することで、運用部隊のモチベーションが上がるのはもちろん、未然にトラブルを防げたら、営業や開発からのリスペクトも得られます。運用のプレゼンスが上がれば、お客のシロウト購買部門にコスト扱いされて無下に叩かれることも減るかもしれません。運用人材と知見、うまく活用してください。

もちろん、運用のみなさん自身も、指をくわえて待っているだけではダメ。

例

- 開発とのジョブローテーションを提案し、開発も経験してみる
- DevOpsなどの新たな手法を勉強して、チャレンジしてみる
- 運用者のイベントに参加して、新しい考え方やロールモデルに触れる
  システム管理者の会（運営：株式会社ユニリタ）のイベント
- 運用者同士の勉強会を企画／参加して、「運用の価値とは何か？」を考える

自分たちがどんな価値を提供できるかを主体的に考え、仲間と議論して、そしてトライしてください。運用ルームのシステム監視画面をただ眺めているだけでは、新たな価値創出はできません！

☑ 目立たぬ仕事にこそ愛を！

目に見えないものを見えるよう意識する、管理する

～非機能要件

システムの裏側の見えない部分。たとえば、同時アクセス数などの性能や、データを返すレスポンスタイム、データをほかのシステムに移行する容易性、システムの安定稼動の度合いを示す可用性、バッチ処理の時間……これらを「非機能要件」といいます※。目に見える「機能」に対して、見えないのが「非機能」。なかなか意識されにくいので、検討時に漏れやすいのが特徴です。

「気合を入れてリニューアルしたＷｅｂサイト、想定以上に多くのユーザーがアクセスして、リリース後５分でサーバーがダウンした」

よく聞く話です。開発担当者が何も考えず、過去の別システムの性能要件の記述をコピー＆ペーストして適当に設計した。お客はそもそも非機能要件なんて知らない。でもって、火を吹いた。おおかた、そんなところでしょう。

あるＳＩ企業では、いわゆる「失敗プロジェクト」の６割～７割が非機能要件の考慮漏

れに起因するとレポートしています。非機能要件、あなどるべからず！

何かと漏れがちな非機能要件。見えないので致し方ない部分もありますが、そこで開き直っていては問題は解決しません。とりわけ性能に関わる部分は、リリース後に不備が発覚するとインパクトが大です。設計のし直し、ハードウェアなどの機材の手配のし直し（試験環境と本番環境の両方）、検証・テストし直し……など手戻りが大きく、期間もコストもかかります。早期に気づいて、早期に対策するに越したことはありません。

「目に見えないものを見えるよう意識する、管理する」

それがマネジメントです！

※独立行政法人情報処理推進機構（IPA）が『非機能要求グレード』をくわしく定義して公開しているので、参照してみてください。
http://www.ipa.go.jp/sec/softwareengineering/reports/20100416.html

☑ 非機能要件も知っておいてね

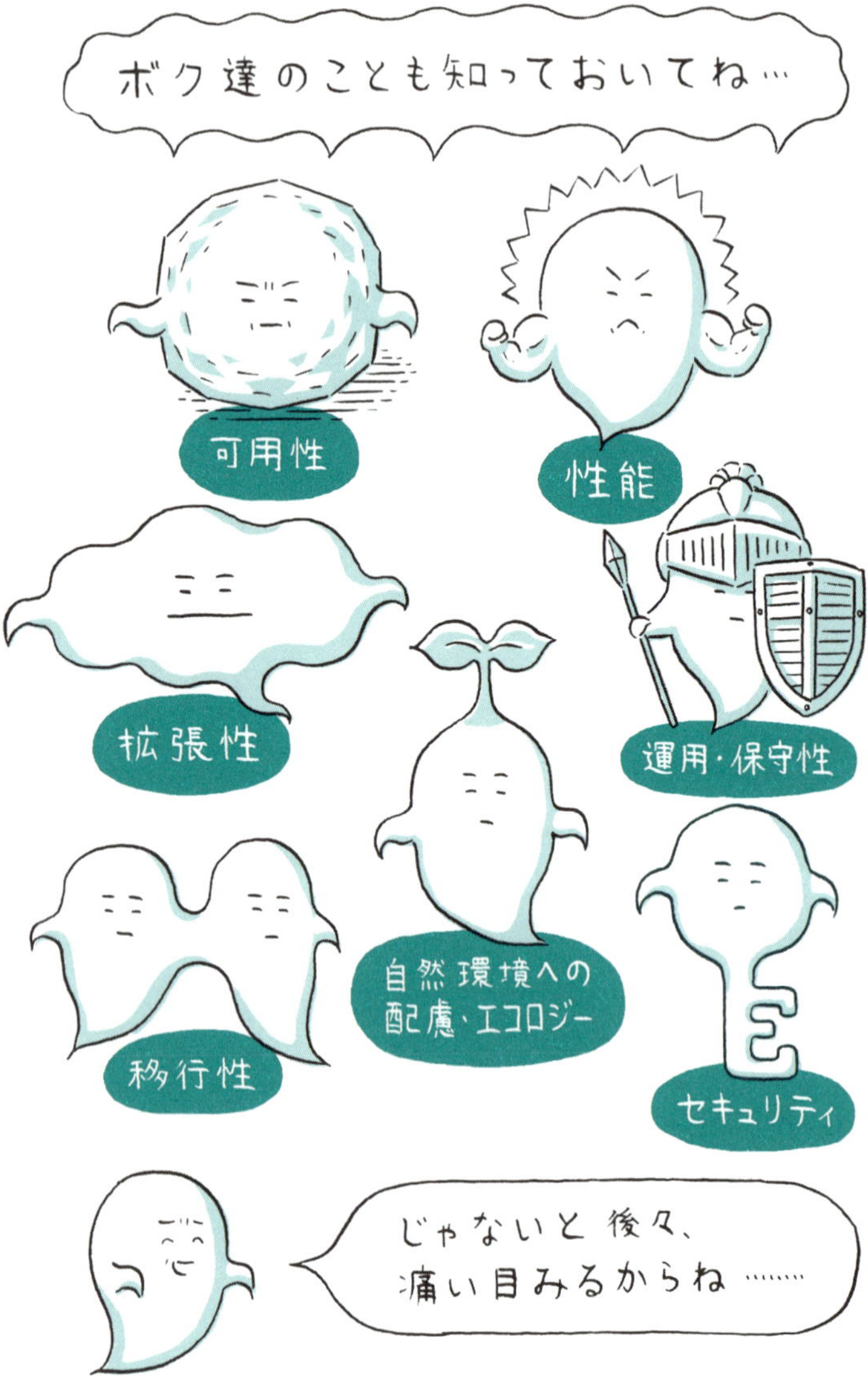

「しくじり先生」をやってみる

いつも必ず火を吹く――くわしくは6丁目で解説しますが、システムプロジェクト＝火を吹くのが当然のようになってしまっていませんか？

せっかくの火吹き体験、火消しの苦い経験。知識化して、二度と起こさないよう共有しましょう。

以前、『しくじり先生 俺みたいになるな!!』というバラエティ番組が放送されていました（テレビ朝日系列２０１４年10月～２０１７年９月）。過去に大失敗をして痛手を被った芸能人や文化人が、自分の行動の問題点と教訓をエピソードとともに伝えるもので、なかなかの人気を誇っていました。

この「しくじり先生」を、社内で実施している会社があります。失敗プロジェクトの経験や教訓を、社員や協力会社の人たちにリアルに話す。それにより、再発防止を防ごうという試みです。参加者の反響はよく、

「思わぬ落とし穴に気づくことができた。ハッとなった！」

「普段おざなりにしている管理業務の大切さを知った」

「いまのプロジェクトとまったく同じ状況。このまま突っ走ったら、ヤバいことになるとわかった……」

「同じ会社の社員の話なので、自分ごととして真剣に聞くことができた」

さらには

「失敗体験を惜しげもなく話してくれた。あの人は勇者だ！」

と発表者への称賛の声も。失敗を隠さず、貴重な資産として積極的に共有する組織文化が生まれつつあります。

リリース後に「振り返り会」を実施する

システムのリリースのGO／NO GOを判断するリリース判定会議や、リリース後にプロジェクト解散を判断する終了判定会議ないし完了報告会議をおこなう組織は少なくありません。ただし、その内容は形骸化してしまい、形だけのキレイな報告儀式になりがち。一方、「実際にそのシステムを運用してみてどうだったか?」を振り返り、知識化する取り組みはあまりおこなわれていません。これ、大変もったいないです。

システムの機能に対する評価、非機能に対する評価、インシデントの傾向、エンドユーザーの動向、メンテナンスのしやすさ……など、運用面も含めた実態がわかり、ノウハウや経験がたまってくるのは、リリースしてから半年～1年かかるといわれています。それを風化させてしまっては、あるいは運用部隊だけに留めてしまってはもったいない!

リリースの半年後、あるいは1年後に「振り返り会」をやって、社内共有、プロジェクト内共有を進めてください。ほかのプロジェクトのノウハウの共有や横展開は、社員を「井の中の蛙」にしないためにも大事です。

え、だれがやるのかって?

そうですね。できればPMOが旗を振ってはいかがでしょうか? プロジェクトの学びや教訓を知識化する、成功体験や失敗体験を組織の知に変える、同じ失敗を繰り返させない。いわゆるナレッジマネジメント。それも、PMOの大事な役割の1つです。

システムの問題地図

BUS

5丁目

「俺ら、ITシロウトだから!」

行先

使えない・残念なシステム

「データ移行の要件？　適当に決めておいてよ、よくわからないし。ほら、俺ら、ＩＴシロウトだからさ！」
「運用……とか言われてもよくわからないんだけれど、とりあえずあと3割コスト下げてよ」

出た！　お客のキメ台詞、「俺ら、ＩＴシロウトだから！」
椅子にふんぞり返って開き直るお客に、ベンダーは仕方なく言われるがままに、過去の経験などを頼りに要件の素案を作るも、相談を持ちかけても、「忙しいから」ととりあってくれない。そして迎えたレビュー当日。

「それ、ほんとうに大丈夫なの？　イマイチだな。もう1回考え直してよ」

な、なんですと!?　「適当に決めておいて」と言ったわりに、ケチをつける。手戻り発生。しかし、納期は当初の計画どおり。いっさいの延期は許されない。当然、プロジェクトの進行に無理が生じる。でもって、火を吹く。でもって、プロジェクトの失敗はベンダーに押し付けられる。

運用コストを下げろと言われ、泣く泣く運用要員を1人減らし、タスクも大幅に減らしたベンダー。ところが、いざシステムトラブルなどの問題が発生すると……

「おたくが人を減らしたからだ！　我々がITシロウトなのをいいことに、手を抜いているんじゃないの？」

これまた開き直って、ベンダーのせいにする。中には無知なフリして、ベンダーに面倒な作業や責任をなすりつけようとする確信犯もいるようですが……。

ユーザーの伝家の宝刀、それが

「俺ら、ITシロウトだから！」

あなたの会社は大丈夫？
二度とベンダーから信頼されなくなるNG行為トップ10

ベンダーに丸投げ！　……はもってのほかですが、それ以外にもベンダーを困らせる迷惑行為が巷にはあふれています。以下、ベンダー泣かせの10大NG行為を挙げます。

「え、これってIT業界の慣習じゃないの？」
「いままで悪気なくやっていた……」
「それをナントカするのがベンダーでしょ！」

と思ったユーザー企業のみなさん！　要注意。ある日突然、ベンダーからそっぽをむかれるかもしれませんよ。

①仕様凍結後に平然と要件を追加する

要件定義を完了し、設計も完了し、仕様を凍結したにもかかわらず、次から次に要件を追加する。コストアップはもちろん、手戻りも残業も増え、現場のモチベーションも下がります。

②要件を追加したのに、納期変更や予算追加を認めない

ベンダーには「あれもやれ」「これも吸収してくれ」と強気で交渉するわりに、社内

☑ ベンダー泣かせのザ・ベストテン！

ユーザー企業NG行為トップテン！
二度とベンダーから信頼されなくなる
● 1 仕様凍結後に平然と要件を追加する
○ 2 要件を追加したのに、納期変更・予算追加を認めない
○ 3 追加機能が完成するまで、お金を払おうとしない
○ 4 金額をたたく、増員を認めない
○ 5 「コストを下げろ。方法はあなたたちで考えて」
○ 6 コストを削ったわりに、トラブルがあると「お前らのせいだ！」
○ 7 そもそも、トラブルのないシステムを求める
○ 8 とにかく相見積り、なんでもかんでもコンペ
○ 9 決めない
○ 10 情報中抜き、提案泥棒

（ユーザー部門、経営、経理など）とは面倒くさがって交渉しようとしない。スケジュールを延ばしてくれ、予算を増やしてくれと言っても、「最初に決まったことだから」「無理」の一点張り。この不平等条約状態、いかがなものか……。

③追加機能が完成するまで、お金を払おうとしない

当初の機能は開発完了、要件も満たしているのに、追加機能が完成するまで検収しない、支払いしない。もはや、会社のモラルが問われます。このパターン、裁判でユーザー企業が敗訴した事例があります。

④「運用はコスト」だと決めつけて金額を叩く、作業が増えても増員を認めない、お金を払わない

システムは、作った後に運用する必要があります。アプリケーション／ライセンス／サーバー／データベース／ミドルウェア／ネットワーク／施設（データセンターなど）の監視、ソフトのバージョンアップ、データのバックアップ、マスターデータの更新、脆弱性診断とセキュリティ対策、保守、サポートデスクやヘルプデスク業務などなど。あなたの見えないところでたくさんの人が動いていて、当然、相応のお金が必要になります。な

のに、そんな事情をまったく考慮しない……。

⑤「開発コスト／運用コストを下げろ。方法はあなたたちで考えて」と、ふんぞりかえって丸投げ

上からのコスト削減要求を、そのままベンダーにダイレクトスルー。「コストを下げろ、でもやり方を考えて実現するのはベンダーの責任だ」と開き直る。そもそも、ベンダーの売上も利益も減る話、フツウに考えたら積極的に考えるモチベーションなどあるわけがないのに……。

⑥運用コストをギリギリまで削ったわりに、トラブルがあると「お前たちのせいだ！」

「安かろう、悪かろう」が世の定め。運用コストを下げれば、それだけ少人数でまわさなければいけない、管理稼動も減らさなくてはならない。トラブルの予防品質、対応品質や迅速さに差が出て当然。でもって、トラブルが発生すると、全部ベンダーの責任にしようとする。それでは、不信感しか生まれません。

⑦そもそも、トラブルのないシステムを求める

「壊れないシステムを作ってくれれば、運用保守なんていらないよね」

いやいやいや、壊れないシステム、トラブルのないシステムなんてありえません。リリース当初は問題なく動作していても、環境の変化（ＯＳのバージョンアップ、新たなセキュリティリスクの発生、災害、ユーザー数の増加、組織変更など）によって、トラブル（の可能性含む）は発生するもの。

そもそも、運用保守部隊はトラブル対応だけをしているわけではありません（④のとおり）。運用保守には保険のような意味合いもあります。あなたは、自動車保険をかけずに、クルマに乗って走りまわるのですか？

⑧とにかく相見積もり、なんでもかんでもコンペ

「どんな案件でも、必ず相見積もりをとれ」

「必ずコンペをしろ」

これが社内ルール化している企業もあるようですが、はっきりいって、ベンダーにとって大迷惑です。

考えてもみてください、受注できるかどうかわからない案件に対して見積って提案する稼動。馬鹿になりません。そもそも、タダ働きです。多重請負構造の場合、2次請け、3次請け、4次請けそれぞれに、このタダ働きが発生します。働き方改革が求められる昨今、これを繰り返していたら、いいベンダーはどんどん離れていってしまいます。

ある企業では、コンペを実施する際、参画する全ベンダーに提案参加料を支払っているそうです。いい提案を求めるのであれば、それくらいの覚悟も必要。

「とりあえず、見積もり持ってきて」

あなたの無邪気なこのひと言が、多くの人たちにタダ働きを強いているかもしれない。お忘れなく！

⑨決めない

相見積もりやコンペをやりっぱなしで、結果をなかなか決めない。だらだらと価格交渉する。契約しない。

その間、ベンダーは宙ぶらりん。ベンダーの営業担当者は、社内説明、2次請け、3次請けへの説明と説得を重ねて、プロジェクトの候補メンバーも確保し続けなければならない。もちろん、その間お金はいっさいもらえない！

こんな理不尽、あるでしょうか？　ベンダーにそっぽ向かれたくなければ、とっとと決めましょう。

⑩情報中抜き、提案泥棒

ベンダーが苦労して作った提案。それをパクって、さも自分たちが作ったかのように社内プレゼンして、内製でやろうとする、あるいは、ほかのベンダーに横流しする。その提案にはベンダーのノウハウが詰まっています。作るのに時間もコストもかかっています。情報中抜き、提案泥棒は、絶対ダメ！

こんな悪しき慣習、放置するとユーザーもベンダーもだれも幸せにならないですし、日本のＩＴ業界全体にとってもよろしくない。

開き直りはなぜ蔓延したのか

そもそも「俺ら、ＩＴシロウトだから！」病はどうして蔓延してしまったのか？　そのメカニズムを見てみましょう。大きく3つの原因があります。

①ユーザー企業の立場が強い
②ユーザー企業におけるシステム部門のプレゼンスが低い
③ベンダーがユーザーをマネジメントできない

①ユーザー企業の立場が強い

いわゆるパワーバランスってヤツ。このようなケースにおいて、お客サイドで「俺ら、ＩＴシロウトだから」病を発症しがちです。何もしなくても、ベンダーが言うことを聞いてくれる。至れり尽くせりやってくれる。ユーザー側が開き直れる環境にある。お客にとってみれば、なんともパラダイスな世界です。

☑「俺ら、ITシロウトだから」なんて言っていると、残念な人になりますよ……

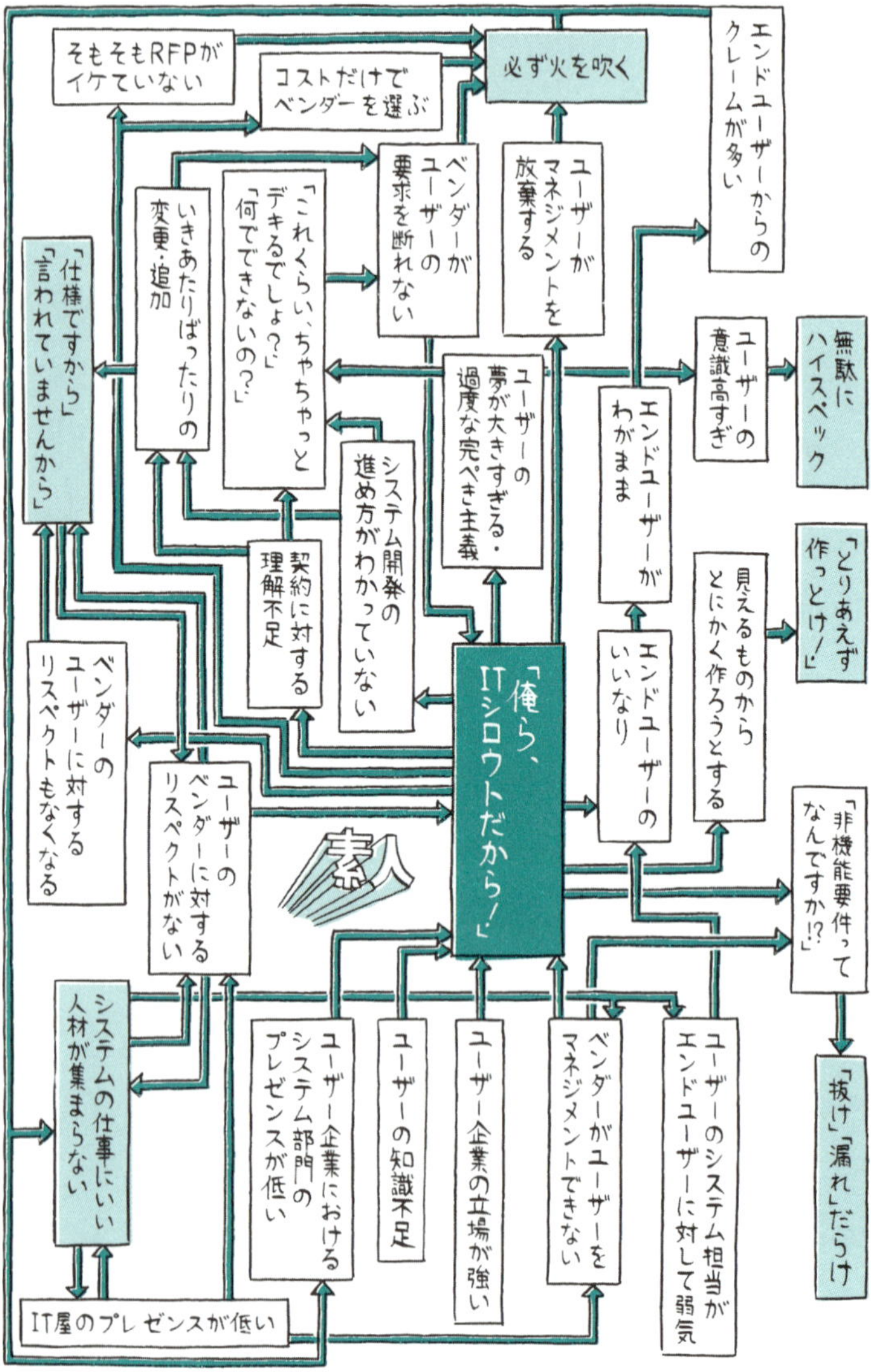

「これくらい、チャチャっとできるでしょ？　ITのことはよくわからないけどさ」
「ついでに、この要件も追加でお願い！　できるよね？」

こうした発言の裏には、ユーザーのベンダーおよびIT技術者に対するリスペクトの欠如が垣間見えます。

また、ITの世界は知るべきことも多く、専門用語も多くて小難しい。とくに文系人間にはとっつきにくく、面倒なことこの上なし。なおのこと、ユーザーはベンダーに丸投げしたくなる。

なかには、自分たちの社内プレゼンスの低さ（②）ゆえに、日ごろエンドユーザーから受けているストレスを八つ当たりのごとくベンダーにぶつけるユーザーも。困ったものです。小学生のときに、「自分が嫌なことは他人にしてはいけない」って教わりませんでしたか？

②ユーザー企業におけるシステム部門のプレゼンスが低い

情報システム部門、あるいは部門のシステム担当部署の社内での地位が低い。いい人材も、予算もつけてもらえない。

勉強するモチベーションも低ければ、ＩＴの専門家としてのプロ意識も芽生えない。

「どうせ、俺たちはシロウトだから」

その結果、ＩＴの仕事をマネジメントできず、エンドユーザーに軽く見られ（あるいはエンドユーザーをモンスター化させ）、さらに自分たちの地位を低くしてしまう。エンドユーザーはやりたい放題。クレーム言い放題。それを受けるヘルプデスクや運用メンバーのモチベーションもだだ下がり。そして、ＩＴの仕事などだれもやりたくなくなる。ああ、残念なスパイラル……。

③ベンダーがユーザーをマネジメントできない

ベンダーにも責任の一端はあります。いままで、「お客様は神様」の発想で、ユーザー企業の言うことをすべて鵜呑みにしてきた。ユーザーの果たすべき責任を明確にしてこなかった。毅然と接してこなかった。いわば、ユーザーを甘やかしすぎてきた。それでは、ユーザーパラダイスができあがって当然です。

ＩＴがわからない人にも組織にも未来はない

これまで、企業のＩＴシステムの多くは、使う人すなわちユーザー部門とベンダーの間に情報システム部門が入って作るスタイルが主流でした。すなわち、業務語とシステム語を翻訳する介在者がいたのです。ところが最近、この傾向が変わりつつあります。

ユーザーが直接ベンダーとやりとりする時代に！

企業のＩＴシステム構築・運用の予算をユーザー部門（営業・マーケティング・広報・人事・生産部門など）が持つ割合は、年々上昇傾向にあります。予算の部門シフトとともに、ベンダーの選定、プロジェクト管理・運営、システム導入後の運用も、情報システム部門からユーザー部門にバトンタッチ。実際、私が最後に勤めていた製薬会社でも、情シスの役割はガバナンス（統制）とセキュリティのみ。基幹システムやコミュニケーション基盤の面倒はみるものの、「業務システムの要件定義〜運用まで、すべてユーザー部門でやってくださいね」というスタイルになりました。

「自分たちでＩＴ予算をとって、自分たちで回してください。情報システム部門は介在せず」

すなわち、非ＩＴ部門のＩＴにくわしくない人たちがベンダーと直接やりとりしてＩＴ業務を回さなければならなくなりつつあるのです。

社内を見回してみると、ＩＴシステムの「失敗プロジェクト」と呼ばれるものがごろごろ転がっています。情報システム部門が介在しているいまでさえ、そんな状況。情報システム部門が抜けたら、いったいどうなることやら……。

トヨタが、ＩＴ企業に勤めるエンジニアをターゲットに、中途採用に力を入れ始めたニュースは私たちの記憶にも新しいでしょう。ＩＴ技術やＩＴマネジメントは、ユーザーサイドであってもこれからの時代不可欠なスキル／能力です。

「俺ら、ＩＴシロウトだから！」

この開き直りを続けている人は、ビジネスパーソンとして、人として、どんどん残念になります。いつまでたっても成長しない。そんな人の言うことに、だれが耳を傾けようと思うでしょうか？　いっしょに仕事をしたいと思うでしょうか？　そんな組織にいて、成長が望めるでしょうか？　モチベーションの高い人や、優秀な人にそっぽを向かれる組織になってしまいます。明るい未来はありません。

情報システム部門でベンダーに丸投げしている人。やがて組織から必要とされなくなります。だったら、ＩＴベンダーからの転職者を採用したほうが戦力になりますから。私がかつて所属していた自動車会社（情報システム部門および業務部門のＩＴ担当）でも、ＩＴの技術やマネジメントを勉強して努力してきた人は、その後ＩＴベンダーや別の事業会社の情報システム組織の要職に就いて、バリバリ活躍しています。一方、「ＩＴシロウト」に安住し続けた人は……ご想像にお任せします。さあ、あなたはどっちを選びますか？

シロウトでもこれくらい知っておこう！5つのポイント

ユーザー企業の情報システム部門はもちろん、業務部門のＩＴ担当も、少なくとも次の5つの知識や知見はもっておきたいもの。

これくらいは知っておきたい5つのポイント

①RFPの進め方

複数のベンダーに提案を求める、RFP（Request For Proposal）を実施するケースも増えてきました。しかし、提案依頼の内容が粗雑すぎて、うまくいかないケースも多々あります。また、何でもかんでもRFPをすればいいというものでもありません（時間もかかり、かえって非効率に）。RFPを実施するうえでの注意点は、6丁目で触れます。

②プロジェクトマネジメント

ITプロジェクトの進め方、注意点、お作法は、最低限のマナーとして知っておきたいもの。PMBOK®などの体系化されたフレームワークを学習するといいでしょう。

もちろん、教科書を読んだだけでは不十分。実際にプロジェクトの現場で起こっているエピソードや、失敗プロジェクトのストーリーなどにも積極的に耳を傾けてください。

「このタイミングでの変更要求が、どれだけ多くの人たちに迷惑をかけるか」

「テストをしないでリリースすることが、いかにリスキーか」

そういった事実を知っておくだけでも違います。また、巷にはＩＴの失敗プロジェクトをストーリー化した読みやすい書籍も多数出ています。「どこでつまずくか」「最低限、何を押さえておくべきか」を疑似体験しておくのもいいでしょう。

法的知識とリスクも押さえておきたいところ。システム開発、運用業務は、ベンダーに委託する（される）場合、法的なリスクを伴います。

- **請負契約と準委任契約と派遣契約の違い**
- **下請法に関する知識と注意点**
- **海外のベンダー（お客）とやりとりするケースにおけるリスク**

など、ユーザーもベンダーも理解しておく必要があります。

きちんとユーザーを管理監督できずにプロジェクトが失敗した場合、「プロジェクト管理義務違反」としてベンダーが敗訴するケースも多数存在します。さりとて、ユーザーは「お客だから」と開き直っていいわけではありません。「協力義務違反」で痛いオシオキを受けるケースもあるので、ご注意を。

法的リスクを疑似体験するには、細川義洋先生の『成功するシステム開発は裁判に学べ！』（技術評論社）の一読をオススメします。ユーザーもベンダーも背筋がぞぞっとなることでしょう。

おすすめ書籍

・『プロジェクトの失敗はだれのせい？ ～紛争解決特別法務室"トッポー"中林麻衣の事件簿』（細川義洋 著、技術評論社）
・『なぜ、システム開発は必ずモメるのか？』（細川義洋 著、日本実業出版社）
・『なれる！SE』（夏海公司 著、KADOKAWA）
・『そのままではITプロジェクトは永遠に失敗する』（一般社団法人ビジネスプロセス・アーキテクト協会 著、日経BP社）

③ITサービスマネジメント

作ったシステムを、価値あるサービスとしてどのように提供しつづけるか？
必要に応じて変更するか？
あるいは、不要なITサービスを縮小するか？

システムは、作った後こそ肝心。運用のノウハウやフレームワーク、すなわちＩＴサービスマネジメントも知っておきましょう。体系化された知識としては、ＩＴＩＬ®が有名です。手始めに、入門資格であるＩＴＩＬファンデーションを勉強して取得するといいかもしれません。

④多重請負構造

ＩＴ業界特有の多重請負構造。賛否両論ありますが、いますぐにどうこうできる問題ではありません。しかし、ユーザーもベンダーも、多重請負構造の実態は最低限把握しておくべきでしょう。ユーザーの何気ないひと言が、末端のベンダーの業務負荷を著しく上げるケースは多々あります。階層が増えれば増えるほど、余計な報告稼動や見積もり稼動が増え、下にいけばいくほどリードタイムがどんどん短くなり、デスマーチになります。

- 課題や問題はなるべく素早く／フラットに共有する（一同に会しておこなうなど）
- 課題や問題の優先度や期限も、全員が一元的に見える工夫を（共通のプロジェクト管理ツールを使うなど）
- 「報告のための報告」が増えないよう、コミュニケーションルールを決める

・とはいえ、直接指示はしない（偽装請負になるリスクあり。ベンダーのエンジニアを自社に常駐させる場合、パーティションで区画を分ける、自社要員とベンダー要員で首から提げるストラップの色を変えるなどの工夫も大事）

多重請負状態においてのコミュニケーションの仕方、リスクを把握しておき、無駄・無茶・無理のないコミュニケーションを心がけてください。

⑤技術トレンド／ソリューションのトレンド

ＩＴ担当ならば、最新の技術やソリューションのトレンドくらいは押さえておきたいもの。では、どんな情報にアタリをつけておいたらいいのか？

ずばり……なんとも言えません！　なぜなら、ＩＴの世界は進化が速い、なおかつ思わぬ業界でだれも想像しえなかったイノベーションが起こるなど、未来の予想が難しいからです（自動車業界がここまでＩＴと密な関係になるとは、だれが予測しえたでしょうか?）。

したがって、業界や分野を絞りこまず、日ごろからＩＴに関する情報は幅広に触れておくに越したことはありません。なにか問題や課題が発生したときに、「あ、これは役立つかもしれない」とピピっと関連づけられるかどうか。それが大事です。手っ取り早くは、ＩＴＰｒｏやＩＴＭｅｄｉａなど、定評があり読者数の多いＩＴ系メディアの無料メールマガジンを購読するといいでしょう。よく読まれている記事、よく特集されているテーマにアンテナを立てておきたいですね。ユーザー企業のＩＴ担当者は、積極的にＩＴ関連の知識を吸収してください。風に触れてください。

ベンダーは、ユーザー企業に対してＩＴフォーラムやセミナーに誘うのもいいですし、プライベートレクチャーをするのもありでしょう。それが、お客様の成長にもつながります。

適切なジョブローテーション、時には専門家の活用を

「俺ら、ＩＴシロウトだから！」であれば、プロを入れましょう。

- **業務のプロが欲しければ、業務のプロをエンドユーザー部門からアサインする。そのようなローテーションを組む**

・ITの専門家を中途採用する
・ITコンサルティング会社から、業務支援の形態で、プロに参画してもらう

それが生産性を上げますし、既存のメンバーの育成にもつながります。「自分たちで無理しない」その割り切りも大事です。

何でもベンダーや情報システム部門が肩代わりしない、親切が仇になるケースも……

ユーザーのモンスター化問題。原因はさまざま考えられますが、それまでベンダーや情報システム部門が下手に出すぎてきたことによるものが大きいでしょう。

・時にはトップダウンで黙らせる
・ユーザーのわがままを何でも聞かない、リスクを明示して毅然と断る

そういった毅然とした態度も、時には大事です。そうしないと、いつまでたってもユー

ザーもベンダーも成長しません。お客様は神様ではありません。パートナーです。

「ITシロウトだから!」

その開き直りは、もうおしまい。相手がシロウト(かつ学習しようとしない、改善しようとしない人たち)だと、ベンダーも高い見積もりを出さざるをえません。それならまだマシで、IT人材不足が危惧される近い将来、面倒くさくてリスクの高いお客は、ベンダーからそっぽ向かれるでしょう。ユーザーもベンダーも、ともに歩み寄って、システムの仕事全体の魅力を上げていきましょう!

COLUMN

ユーザーもベンダーも要注意！「プロジェクト管理義務」「協力義務」って何？

ちょうど本書を執筆している2017年8月に、特筆すべき判例が世の中の反響を呼びました。システム開発の失敗をめぐる、旭川医科大学病院（ユーザー）とNTT東日本（ベンダー）の裁判です。

問題となったのは、病院情報管理システム。2008年のプロジェクト開始当初から、エンドユーザー（医師）からの追加開発の要望が次から次に。仕様凍結の合意後も、100を超える要望の追加が繰り返されました。結果、開発が遅延。NTT東日本は、稼働予定である2010年1月にシステムの引き渡しをおこなうことができませんでした。旭川医科大学病院は同年4月、契約解除を通告。これを受け、NTT東日本は損害賠償を求める裁判を起こしました。

一審での旭川地裁の判決は、「旭川医科大学病院の過失は2割、NTT東日本は8割」。ベンダーのプロジェクト管理義務を重く見ました。ところが、控訴審では一転。札幌高裁は、旭川医科大学病院に100％の責任があるとの判決を下しています。

「プロジェクト失敗の責任はユーザー企業側にある」

札幌高裁の判決は、こう物語っています。

この裁判では、ベンダーの「プロジェクト管理義務」とユーザーの「協力義務」の2点が問われることになりました。

プロジェクト管理義務とは？

ベンダーには、プロジェクトの管理責任があります。ＩＴを取り扱う専門家として、高度の専門知識と経験に基づいてプロジェクトを成功に導く義務があるとするものです。そこには、ＩＴの専門家でないユーザーに適切に助言をし、協力を求める責任も含まれています。それを怠り、プロジェクトを失敗させた場合、「プロジェクト管理義務違反」になります。

ベンダーのプロジェクト管理義務違反の例

- **パッケージソフトウェアを押し付けた。その結果、ユーザーの要求を満たすことができなかった。**
- **要件の確定、仕様の凍結に向けて、積極的にユーザーを導かなかった。その結果、「抜**

け」「漏れ」が多発した。
・専門性のある人間をアサインできなかった。
・無理、無茶な要望追加のリスクを説明せず、すべて受け入れた。その結果、納期を大幅に遅延させた／システムをリリースできなかった。

ベンダーは、専門家として、プロジェクトの成功に全力を尽くさなければなりません。

協力義務とは？

だからといって、ユーザーは「ITシロウトだから」と開き直っていいわけではありません。ユーザーにも果たすべき責任があります。ユーザーもまた、プロジェクトの成功に向けて、ベンダーに協力する義務があるのです。それを怠ると、上記の札幌高裁の判決にあるような「協力義務違反」を言われるでしょう。

ユーザーの協力義務違反の例

・プロジェクト遂行に必要な判断（仕様に関する判断、追加費用発生に関する判断、次の工程に進んでいいかどうかの判断など）をおこなわなかった。

・要件、追加要望のリスクをベンダーが説明しているにもかかわらず、受け入れなかった。
・ベンダーとの合意事項（仕様凍結後の要望追加の禁止など）を守らなかった。
・必要な社内調整（エンドユーザーの反発や現場からの追加要望の抑制、経営との調整など）や、ユーザーとしておこなうべきリソースの確保をおこなわなかった。
・ベンダーが求める協力依頼（コストの追加、納期の延長など）に応じなかった。
・一方的な事由により受け入れ／支払いの拒否、契約解除をした。

丸投げ、丸受け、いずれもご法度！

法廷で争うことが、システム開発プロジェクトの目的ではありません。ユーザーとベンダーがそれぞれの果たすべき義務を認識し、同じゴールを目指すパートナー同士、いい仕事をしたいものです。

システムの問題地図

BUS

6丁目

必ず火を吹く

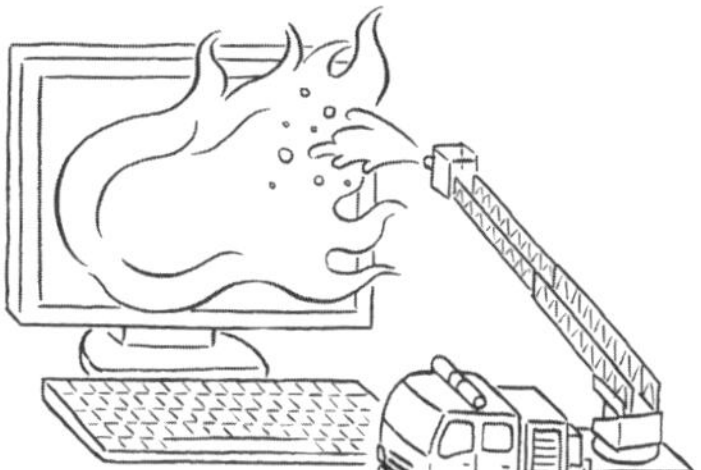

行先
使えない・残念な
システム

新しいシステムの開発。あるいは既存システムのリプレースや機能追加・変更。プロジェクトを立ち上げるたび、現場は重苦しい空気に包まれる。リリースしようとするたび、えもいわれぬ諦めムードが広がる。現場からは、こんなざわめきが聞こえてきます。

開発メンバーA「どうせ今回も、トラブルだらけ、バグだらけで、徹夜が続くんだろうな……」

開発メンバーB「これ、絶対失敗するよな。でも、いつもどおり運用がナントカしてくれるだろう」

開発メンバーC「ていうか、リリースって必ずトラブるものじゃないんですか？」

ユーザーA「え、全部あなたたちベンダーがナントカしてくれるんだよね。だって、プロなんでしょ？」

ユーザーB「システムプロジェクトって、スムーズにいかないモンだよね」

エンドユーザーA「またもめんどくさいシステムが増えるのか。はぁぁぁぁ……」

エンドユーザーB「システムプロジェクトには近づいたらあかん！　生きては帰れなくな

るぞ！」

運用メンバーA「また運用しにくい、クソシステム作りやがって……」

運用メンバーB「それって、運用でカバーすることになっているんですか!?」

運用メンバーC「そんな仕様なの!?　聞いてないよ！」

ヘルプデスク「また、エンドユーザーにクレーム言われるのか……。頼むから、使えないシステム増やすのやめてください！」

必ず火を吹く前提！

「でも、それって心配しすぎかな。今回はきっとうまくいくよ。奇跡は起こる！」そんな一縷の望みを胸にいざリリース……と、やっぱり火を吹いた。

この残念な慣習、そろそろ何とかならないものか？

火吹き常態を放置すると、由々しき事態に……

システムプロジェクト、IT関連業務の火吹き状態常態化。これを放置すると、ヤバいことになります。

信頼失墜

リリースするたび、変更するたび、エンドユーザーからクレームの嵐。毎度泣きそうになる運用チームとヘルプデスク。

「まったく、これだからウチの情報システム部は使えないんだ……」

「ITベンダーって、ダメダメだよね！」

こうしてエンドユーザーも、システム提供者もストレスを抱える。いや、クレームを言われているうちは、まだマシかもしれません。

「どうせ、また火を吹くんでしょ……」

やがてエンドユーザーから、社内の関係部署から、だれからもIT屋が信頼されなくなる。ITプロジェクトに近寄りたがらなくなる……。

どんどん広がる、開発と運用の溝

こんなことが繰り返されていると、開発と運用の溝がますます深まります。

「いざとなったら、運用でカバー！　リリースした後のことなんて、知ったこっちゃない。火を消すのは運用の仕事でしょ」

「開発はいつも運用できないシステムを作って、運用にテキトーに引き渡そうとする。こちらが納得できる運用マニュアルを作ってもらえるまで、絶対に引き取っちゃダメだ！」

縦割り意識が加速し、時に政治的なブレーキがかかり、開発と運用の仲はどんどん悪くなる。そして、運用観点不在の残念なシステムがまたできあがる。エンドレス！

システムの仕事にいい人材が集まらない

クレームだらけで、いつもヘトヘト。同じ社内同士、プロジェクトメンバー同士なのに、開発と運用はいつも険悪ムード。メンバーはいつも疲弊している。そんな業界に、だれが進んで入りたいと思うでしょうか？　いい人材が、情報システム部門に、部門のシステム担当に、ＩＴ業界に、集まらなくなる。いい人材が集まらないものだから……これ以上、語る必要はありませんね。これは企業レベルを超えた由々しき問題です。

こんな事態になるのはわかっているのに、なぜ火吹きはなくならないのでしょうか？これまた、さまざまかつ細かな要因が複雑に絡み合って、悪さをしています。ざっくり２つのエリアにくくって考えてみましょう。

①「俺ら、ＩＴシロウトだから！」
②マネジメントがイケていない

☑ もはや火を吹くのがあたりまえな悲しき景色

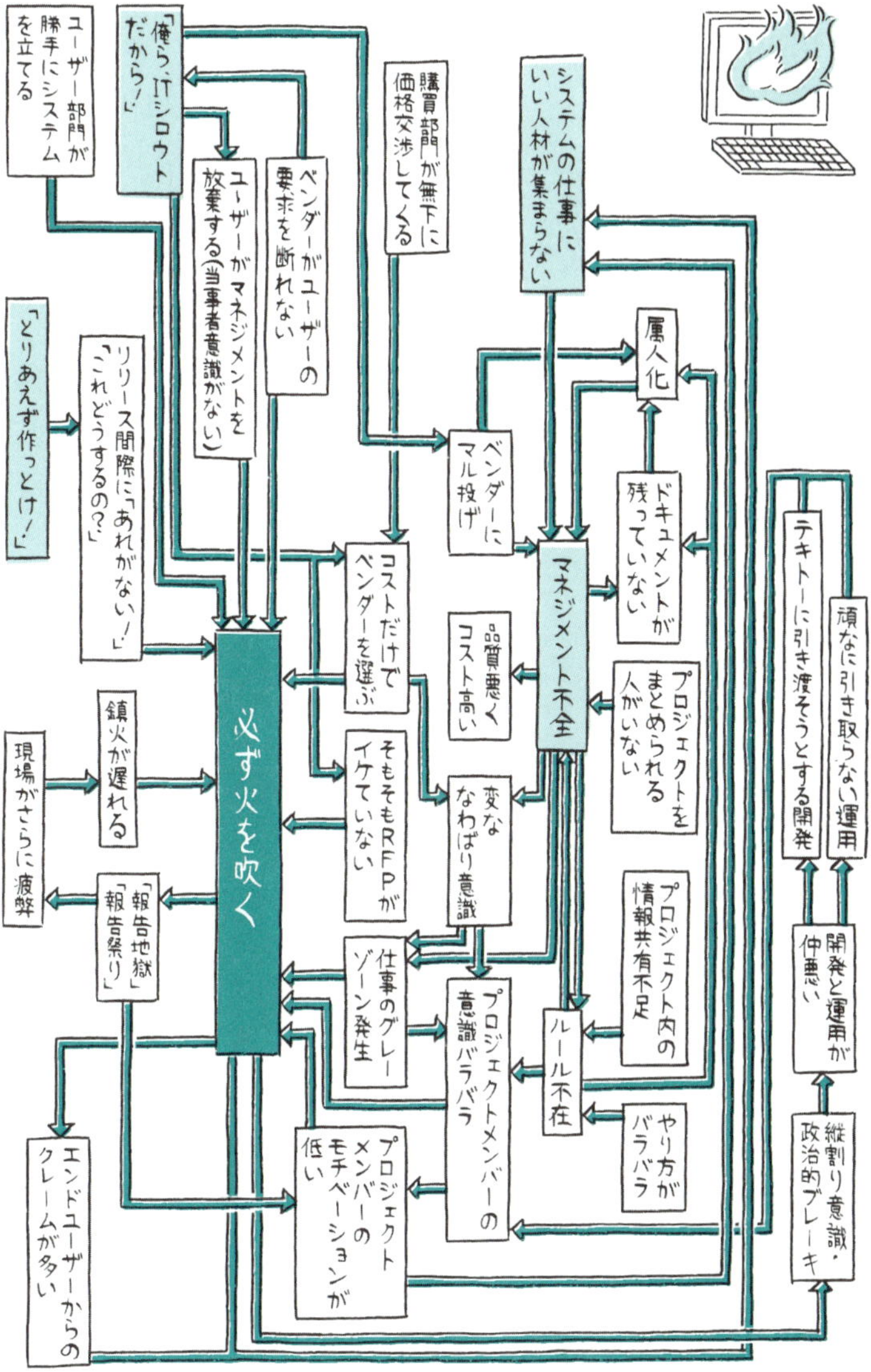

「俺ら、ITシロウトだから！」再び

5丁目の名台詞、再登場。「俺ら、ITシロウトだから！」まるでユーザーたるもの、この台詞を発するのが仕事でしょと言わんばかりの定型文句。ここでもやっぱり悪さをします。

①そもそもRFPがイケていない

ユーザー企業がベンダーを選ぶために、RFP（Request For Proposal＝提案依頼書）を準備するケースも増えてきました。複数の候補ベンダーに提案依頼書を投げ、提案をさせる。提案の中身と金額を評価して、最適なベンダーを選ぶ。いわゆる〝コンペ〟です。

RFPの取り組み自体はある程度の合理性があるとはいえ、イケていないともう最悪。

- 要件が網羅されていない
- プロジェクト体制や運用体制が明記されていない
- 課題が見えない

・業務フローがわからない
・スケジュールやマイルストーンがあいまい
・そもそも、言葉のイミがわからない、日本語がわからない！

提案時からすでに、ベンダーにマル投げ状態！

で、ベンダーの営業がＲＦＰ責任元（ユーザー企業の購買担当者など）に質問をすると、

「ベンダー各社の想像力、コミュニケーション能力も評価の対象」

などと言って、煙に巻こうとする。あのね、ベンダー選定はなぞなぞ大会ではありません！

加えて、十分な提案リードタイムを確保していない（提案書の提出期限が3日後など）。提案実施からベンダー決定までの期間がえらく長い。さらには、期日を延ばし延ばしにして、なかなかベンダーを決めない。

その結果、ベンダーも十分に提案内容を吟味できなかったり、提案書を作るために無理な徹夜をしたりと、提案品質に問題が生じる。そして、決定日の延期。その間、すべての

ベンダーがプロジェクト候補メンバーを確保し続けなければならず、アイドリング稼動が発生。いいことナシです。

イケていないRFPでベンダーを無理やり選んでも、たいていあとで綻びが出ます。要件やスコープ（ユーザー／ベンダーの責任範囲、作業範囲）に関する意識違い、費用負担に関する認識のズレ。グレーゾーンが発生して、ある日、炎がドーン！

②購買部門が無下に価格交渉／コストだけでベンダーを選ぶ

再び登場、ユーザー企業の購買部門さん。ＩＴ業界の仕組みがわかっていて、ＩＴのマネジメントや技術にくわしい人ならいいのですが、これがＩＴシロウトだともう大変。ベンダーの営業が内容を説明するのもいちいち手間がかかるし、時間もかかる。

でもって、赤字覚悟の値引きで提案したベンダーが選ばれる。営業はそれでいいかもしれませんが、現場はスタート時点からコストがカツカツ。スケジュールもたいていギリギリ。予算を増やして人を増やせないこともわかっている。プロジェクトルームも狭く、設備も貧相。エンジニアのモチベーション、だだ下がり。そもそも、利益ギリギリで受注したものだから、優秀な人をアサインしつづけるわけにもいかなくなる。当然、品質も下がる。そりゃ、火吹くわ。

③変ななわばり意識

意識の高い購買部門は、セレクティブ・ソーシングといって、領域ごとに別々のベンダーを選びたがりがちです。たとえば、自社の社内ITサービスをベンダーに外部委託するとしましょう。

- 統合運用管理はA社
- データセンターはB社
- ネットワークの維持運用はC社
- 業務アプリケーションの構築と保守はD社
- ヘルプデスクはE社

……このように、個別にベンダーを選ぶ。さらに、個別に価格交渉したがる。ギリギリまでコストを下げる。その結果、本来必要な業務が削ぎ落とされる。

ユーザー企業側に、ベンダーを束ねて各社間の調整をするマネジメント能力とセンスがあればまだしも、たいていマル投げ。そして、各ベンダーの間に妙ななわばり意識が発生。

「ここはウチの範囲ではありません」
「え、監視はF社のスコープですよね」

こうして、押しつけあいの喧嘩が絶えない。当然、現場の意識もバラバラ。でもって発生する三遊間、グレーゾーン。

「で、試験環境って、だれが立てるのよ?」
「DNSの設定って、どこの会社のスコープですか?」
「NTPサーバへの接続と同期って、考慮されていないよね……」
「業務運用って、だれがやるんですか?」

こんなグレーゾーンがあちこちにふわふわふわふわり。こんな状態で、リリースできるんですか?

そんなこんなで、ユーザー/ベンダーのなわばり意識、ベンダー間のなわばり意識、開発と運用のなわばり意識がさらに強まる。下手に相手の領域に踏み入れようものなら、ケガをする。近づいたらダメだ、巻き込まれるぞ！

④ユーザー部門が勝手にシステムを立てる

情報システム部門ではなく、営業部門、人事部門、生産部門などの非IT部門が独自に社内にシステムを立てる。あるいは、クラウドサービスを利用する。俗にいう「シャドーIT」ですが、これが問題になるケースも目立っています。

情報システム部門がIT予算をつけてくれない。取り合ってくれない。だから、自分たちでシステムを立てようとしました。だがしかし！ ITプロジェクトの取り回し方がわからない。技術のこともよくわからない。でもって、ベンダーも助けてくれない。そして、火が吹いた……。

マネジメントがイケてない

ユーザー企業がベンダーにマル投げ。そして、投げられたベンダーもマネジメントできない（コストだけで選ばれたベンダーなら、なおのこと）。

①プロジェクトをまとめられる人がいない

そもそも関係者が多すぎて、特定できない。さらに、みんなそろいもそろって、意識バラバラ。

本来、ユーザー企業の旗振り部門（情報システム部門など）が整理して調整すべきなのだろうけれども、やってくれない。投げられたベンダーのプロジェクトマネージャーも途方にくれる。

②ユーザーがマネジメントを放棄する（当事者意識がない）

ユーザーに当事者意識がない。ベンダー（時に複数の）がみなあたふた議論しているのに、会議室の奥の「お誕生日席」で涼しい顔してふんぞり返って、スマートフォンをいじる。意見や判断を求められても、

「え、僕よくわからない。あなたたちが作ったんでしょ。ナントカして」

と他人事。すべてマル投げ。とことんマル投げ。

③ベンダーがユーザーの要求を断れない

ユーザーの無茶な要求を全部受けてしまうベンダー。仕様凍結後の追加要件、テスト工数を積まないリリース、試験環境を立てずにいきなり本番リリース、リハーサルなしのデータ移行……。

「だって、予算がないんだもん」
「何とかなるでしょ？」
「試験なんてしなくたって、イケるよね。あなたたち、プロなんだから」

ユーザーの無茶かつ無邪気な要求をつっぱねられず、黙ってうなずき突き進む……。

④仕事のやり方がバラバラ、ルールがない

開発手法。運用のマネジメントの仕方。報連相のルールやフォーマット。変更の起案〜判断のやり方。リリースの手順。決定事項を共有する場。インシデントやトラブル情報の伝達の手段やルール。ノウハウ（含む：火消しのノウハウ）の残し方、共有の仕方など。

マルチベンダー構造だからこそ、多重請負構造だからこそ、そしてグローバル化が進んできているからこそ、共通言語がないとねぇ。人をたくさん集めてどうにかなるものではありません。

⑤属人化

既存のシステム構成を調べる必要がある。連携するシステムの仕様、運用手順を確認したい。だが、しかし……ドキュメントがいっさい残っていない！　ああ、パンドラの箱を開けてしまったのか……どよーん。

でもって、既存システムや連携先システムの担当者に泣きついてドキュメントを作ってもらおうとする、あるいはヒアリングしようとするものの……言語化できない！　そりゃそうさ、いままでマル投げされて、長年の野生の勘と自分オリジナルのセンスだけでどうにかしてきたんだもの。

加えてもう1つ、火吹きプロジェクトに注がれる〝油〟があります。

⑥「報告地獄」「報告祭り」

「ユーザーやお偉いさんが、やたらと細かなトラブル報告を求めてくる」

目先の火消しでそれどころじゃないのに、細かな報告書を書かされ、ユーザー企業の本社に呼びつけられて、延々説明させられる。運が悪いと、ＩＴのことを知ろうともしないシロウト購買部門が興味本位で（あるいは仕事しているフリをするために）「どうなっているんだ？」だの「コストへの影響を至急試算せよ」だの首突っ込んでくる。

多重請負構造のプロジェクトだと、もう悲惨。３次請け→２次請け→１次請け→ユーザー企業と、各々の階層で、自社と上位社への無駄な報告書作成稼動が発生する。プロジェクトマネジャーが報告に時間を割いている間、現場はリーダー不在の状態であたふた。さらに火の範囲が拡大。ヘルプデスクは、エンドユーザーからのクレームでヘトヘト。デスマーチ！　そして、プロジェクトマネージャーはトイレの個室で独り、雄たけびをあげる。

「頼むから、あんたたち、黙ってすっこんでいてくれ！」

☑ 炎上に　油を注ぐ　祭りかな

火吹きを減らすには、いったいどうすれば？　予防と事後対処、2つの観点で考えてみましょう。

とにかく役割責任を明確に！

システム開発や運用を外注する以上（クラウド利用のケースも同じ）、ユーザーとベンダーの役割分担や責任範囲、作業スコープは、ユーザーが率先して決めなければなりません。あるいは、ベンダーが気づいてフォローしなければなりません。

どんなプロジェクトでも、最低次の3つのドキュメントは準備してください。

①プロジェクト計画書

最低限、次の項目はカバーしておきたいところ。

- 目的
- 課題
- 現行業務フロー／目指す業務フロー

・現行システム構成／目指すシステム構成
・体制
・役割分担
・想定しうるリスクと対策案
・主要マイルストーン
・コミュニケーション計画
・課題管理（インシデント管理）
・変更管理
・リリース管理

②WBS（Work Breakdown Structure）

それぞれの工程（要件定義、設計、開発、テスト……など）に必要な作業項目を定義しておくものです。

③課題管理表／インシデント管理簿

プロジェクトを通じて発生した課題、優先度、対応方針、対応履歴を記録して管理した

☑ どんなプロジェクトでも最低限用意しておきたい3つのドキュメント

もの。運用に引き継ぎます。

できれば運用メンバーも上流（要件定義工程など）から巻き込み、③を早期に共有しておきたいところ。「運用でカバー」の歯止めがかけられますし、最悪「運用でカバー」となっても早い段階で運用メンバーが察知しているため、運用方法を前広に検討することができます。

悪いことは言わない、「とりあえずRFP」はやめておきなさい

官公庁や自治体など公共案件のやり方をコピー&ペーストしたいのか何なのか、とにかく入札やRFPでベンダーを選ぼうとするユーザー企業が増えてきています。もちろん、コストの適正化、ベンダー間の競合環境や適度な緊張感の醸成などメリットもありますが、「なんでもRFP」はいかがなものかと。

RFPは、評価する情報システム部門側はもちろん、提案するベンダー（含む2次請け、3次請け）のカロリーを相当消費します。提案体制を組み、提案資料を作成し、自社内を

駆け回ってプロジェクト候補メンバーをアサインし、コストを試算……受注できる保証がないにも関わらず。ベンダー決定までの期間が長ければ長いほど、機会損失は増える一方。もちろん、その間、プロジェクトは止まったまま。社内も得しない。大げさな言い方をすれば、無駄なＲＦＰを乱発すればするほど、業界が疲弊します。

また、ＲＦＰを出す以上、

・要件を明確にする
・ＲＦＰを投げる前に、事前に各ベンダーにその旨を伝える
・十分な提案リードタイムを確保する（加えて、金曜日の夕方や大型連休前にＲＦＰを投げ逃げしない！ ベンダー（含む二次請け、三次請け）の働き方がメチャクチャになります）
・さっさと判断し、とっとと決める

これが大事。ＲＦＰを取り回す自信がなければ、やめたほうがいいです。あるいは、ＲＦＰ活動に長けた専門家を雇って力を借りるのも前向きな方法です。できないのに、無理しちゃダメ！

悪いことは言わない、購買部門が中途半端に口を挟むのはやめておきなさい

ＩＴのことがよくわからないのに、業界のこともＩＴのマネジメントも技術のこともさっぱりなのに、購買部門が口を挟むのはやめましょう。

多重請負構造の各ベンダーと直接、ギリギリまで価格交渉したがる購買担当者もいます。自社にベンダーをマネジメントする体制とスキルがあるならまだしも、ベンダーマル投げしかできないのに価格交渉なんて、10年早いです。ケガします。また、実態のわからないいたずらな価格交渉は、エンジニアの誇りを傷つけ、モチベーションを下げます。頼むからやめてくださいね。

じつは、コスト要因は社外ではなく、社内にあるかもしれません。

「無茶な要件追加や変更を繰り返す、ユーザー部門のＩＴ担当者」

「涼しい顔して、ベンダーにマル投げ。まともな指示も判断も調整もしない、情報システム部門」

そのような自社の残念さを棚上げして、ベンダーばかり責めようとしていませんか？

あなたが喝を入れるべき相手は、ベンダーではなく、社内の人ではないですか。

え、それはできない？　ならば、時間を止めて価格交渉などせずに、発注係に徹して、とっととベンダーに発注書を出してあげてください。そのほうが、ベンダーのため、現場のためですよ。

コストだけで考えない、そろそろ利益・付加価値重視のＩＴを！

そもそも、何のためにＩＴ投資をするのでしょうか？

業務効率化、付加価値業務へのシフト、新たな事業価値を生み出すための戦略的投資。

そして、その実現のために、自社だけでは賄えないリソースをベンダーから借りる。

……なのに、ベンダーをコスト扱いして、ろくな予算も取らず、削る一方。それでいいものができるハズがありません。少子高齢化×ＩＴ人口の不足が懸念されるこれからの世の中、自分たちをコスト扱いするユーザー企業は、やがてベンダーから見向きされなくなります。

ユーザー企業には、ＩＴを付加価値とみなす方向転換がいよいよ求められます。以下は、ＩＴを付加価値と見なすユーザー企業（の情報システム部門および購買部門）の担当者の生の声です。

「当社では、ベンダーさんに対して人件費の価格交渉はいっさいしません。なぜなら、それがプロジェクトのモチベーションや品質を下げると経営陣も知っているからです。ＩＴは当社の事業を支える大事な屋台骨。いたずらにコンペもせず、当社の方向性を理解していっしょに成長してくれるベンダーさんと長くお付き合いしています」

「ＲＦＰを出す際、新たな価値をどれだけ創造してくれそうかを最も重視します。その旨をＲＦＰにも明記しますし、これまでも最も高い提案価格のベンダーを選んだことが何度もあります」

ベンダー側の本音も聞いてみました。

「（ユーザー側が）下手に費用を削ってしまったがために、予算がカツカツ。その結果、ベンダーに後々気づいた「抜け」「漏れ」を伝えにくくなり（かつ、ベンダー側も話を聞く余裕がなくなり）、結果として火を噴くケースが目立ちます。無茶なコスト削減は、お互いにとって不幸です」

なるほど。やはり、コスト一辺倒はだれも幸せにしない。

一方で、こんなうれしいストーリーも。

「過去に、小規模ながら、厳格な予算内かつ導入期間を1ヶ月短縮して基幹システムの導入に成功したことがあります。責任者（ユーザー部門のトップ）がすべての打ち合わせに立ち会い、現場のワガママから発生するカスタマイズをどんどん削りました。教育や稼働支援など、必要な費用は減らさず、追加費用がかからないように自社の社員を厳しく律していました。当然、ベンダーの仕事に対しても厳しかったのですが、無茶な要求ではなく、小気味いい緊張感だったのを覚えています」

ＩＴを「付加価値向上のための投資」と見なす。
目先のコスト削減に走らない。
必要な投資と、そうでない投資を、ポリシーを持って見極め、出し惜しみしない。
現場の無茶な要求を、ユーザー側が主体となってマネジメントする。

これらは、火を吹かせないプロジェクト運営に大事なポイントです。

プロジェクトの一体感醸成に大事な2つ「人間くささ」と「共通言語」

いよいよプロジェクト開始。登場人物が多ければ多いほど重要なのが、目的の共有と一体感の醸成です。キックオフミーティングでは、次のような人間くさい取り組みで、発言しやすい雰囲気、協力しやすい雰囲気を作ってください。

- **プロジェクトマネージャーの思い、大切にすることを語る**
- **メンバー同士、お互いを自己紹介し、人となりを知る**

・ビジョン、ミッション、目的を共有する

予算と期間が許せば、1泊2日などの合宿形式にするのもいいでしょう。チームビルディングをしやすくなります。

そして、共通言語、すなわち枠組みがなければ、意識も知識もバラバラになります。コミュニケーションもうまくいきません。トラブルの報告の仕方やタイミング1つとっても、お作法なりルールがなければ管理できなくなる。記録できなくなる。その結果、ノウハウも残らなくなる。

プロジェクトマネジメントであればPMBOK®、運用であればITIL®などの標準的なフレームワークを使って仕事を進めるようにしましょう。それが共通言語になります。ユーザー側も、最低限これらの代表的なフレームワークの基礎知識は押さえてください。マネジメントの抜け漏れに気づきやすくなり、かつベンダーとの会話もスムーズになります。

上流工程で机上運用テストをやってしまう

リリース後の火吹きの予防策。要件定義の段階で、運用テストのシナリオを書いてしまう。机上運用テストを実施してしまう。これをやるには、要件定義工程への運用メンバーの参画が必須です。

要件定義をしながら、成果物として出てきた画面イメージ、画面遷移図、データフロー、業務フローなどをもとに、本来リリース判定の前におこなう運用テストを机上でシミュレーションする。そうすると、運用するうえでどこに不備があるかをリアルに想定できます。

そして、その場で開発メンバーにフィードバックして、要件を修正してもらう。あるいは「運用でカバー」となっても、早い段階から運用方法を持ち帰って検討することができます。

運用ドキュメントも、なるべく早くからプロジェクトに参画して作り始めておくに越したことありません。開発メンバーに、運用者にわかりにくい言葉や体裁で作ってもらうより、運用者に自分たちのやりやすい形で作ってもらったほうが生産性も上がります。

☑ 上流工程で机上運用テストをやってしまう

ヘルプデスクのメンバーにも参画してもらうといいでしょう。どんな画面構成にしたほうがエンドユーザーにとってよさそうか、リアルなアドバイスを得られますし、どんな問い合わせが来そうか、事前に考えてマニュアルなどを準備することも可能です。運用メンバー、ヘルプデスクメンバーの主体性と誇りの醸成にも大きく寄与します。

上流工程での机上運用テスト。取り入れた結果、リリース後のインシデントの数が50%以上減ったプロジェクトもあります。お試しあれ。

人のアサインについての3つの留意点

ＩＴプロジェクトは、なんといっても人が命。ユーザー、ベンダー、それぞれで気をつけてほしい留意点を3つ示します。

①ユーザー側のプロジェクトメンバー

エース級人材のアサイン……は難しくても、やる気がある／フットワークの軽い人を投入しましょう。できれば、従来業務と兼任ではなくて、専任で。それにより、ベンダーを含むプロジェクトメンバーに一体感と安心感が生まれます。

「業務やシステムのことをよくわかっていない、わかろうともしない」

「エンドユーザーや社内関係者と調整しようとしない」

「いつも席を外していて、つかまらない。相談できない。判断してくれない」


それでは、プロジェクトメンバーのモチベーションも下がります。その程度の重要性しかない軽いプロジェクトなのかと思った瞬間に、メンバーは誇りややる気を失います。

プロジェクト専任でのアサインが難しくても、最低限プロジェクトの検討の打ち合わせをすっぽかさない人を入れましょう。

②ユーザーの購買部門

いたずらに、コストだけでベンダーをとっかえひっかえしない！

ベンダーを変える＝現場にとっての負担を増やします。環境を整えたり、教育や引き継ぎをしたり。せっかく築いたメンバー同士の信頼関係も、またゼロから築き直し。コミュニケーションコストもかかりますし、現場のモチベーションにも影響します。

③ベンダー側

プロジェクト期間中、メンバーの入れ替わりはできるだけ少なく。どうしても入れ替わる場合は、事前にユーザーに説明してください。メンバーの入れ替わりが現場のモチベーションに悪影響を及ぼします。②のとおりです。

現行の運用を整理しておこう

運用ドキュメント。仕様書やマニュアル。属人化している現場であればこそ、時間のあるときに文書化、最新化しておきたいもの。ただし、属人化させている張本人たちは、そもそもマニュアル作りが苦手だったり、自分たちの作業を言語化できないことも。その場合、第三者（コンサルなど）を入れて作業を観察してもらい、ドキュメント化してもらうのも手です（3丁目でも紹介した「シャドーイング」です）。ドキュメントやプログラムの変更履歴は、テキストやソースに残しておきます。GitやGitHubなど、世界標準のバージョン管理ツールを使って管理するのもいいですね。

また、それなりに大規模なシステムを運用している場合、なにもない今のうちから運用管理方法を標準的なやり方に変えておいたほうがいいかもしれません。たとえば、グローバルデファクトスタンダードであるITIL®ベースに変えておく。標準的なやり方にしておくことで、その後のシステムの追加変更や、ベンダーの変更をしやすくなります。

ここまでが予防編。ここからは、それでも火が吹いてしまったときの事後対処の方法を見ていきましょう。

大トラブル発生時こそ、「見える化」「言える化」による情報共有が大事！

3丁目でもお話ししましたが、情報共有をフラットに素早く！　大トラブル発生時こそ、ほんとうに大事。

・いま何が起こっているのかわからない
・何がどこまで解決したのかわからない
・いつになったら帰れるか、収束するのか見えないそんな状況はメンバーを不安にさせ、モチベーションと一体感を下げます。

・インシデントを書き出して、プロジェクトルームのホワイトボードに貼り出す

・「インシデント発生！」「調査開始！」「エンドユーザーへの周知完了！」「クローズ！」など、声に出して状況がわかるようにする

・インシデントの因果関係や相関関係を地図にして貼り出す。解決したインシデントは塗りつぶす

・朝会、昼会、夕会を実施して、都度メンバーに進捗状況を共有するとともに、提案を吸い上げる

一見原始的ですが、このような「見える化」「言える化」が効果を発揮します。

プロジェクトマネージャーは、状況把握や報告や指示にてんやわんやになりがち。場合によっては情報共有係を立てるのも一考です。PMOがヘルプに入るのも1つの手です。

また、せっかくの火吹き体験、火消し経験。「あー終わった、解散！」と涼しい顔をしていたら、組織もメンバーも成長しません。必ず振り返りをして、再発防止のノウハウや、それでも同じ火吹きが起こってしまったときの対応策を文書化、あるいは語り継げるようにしておきましょう。

グッと我慢、現場に細かなトラブル報告を求めない！

大トラブル発生！　とにかく外野はなるべく黙っていてください。現場は現状を把握するのに手一杯、クレーム対応にてんやわんや。とにかく火を消すのが最優先。そこへ来て、「本社に報告に来い」「キレイな報告書を作れ」これ、時間の無駄以外のなにものでもありません。

私も火吹きを経験したことがありますが、ユーザーの部門長（ＩＴのことがよくわかってらっしゃった）の次の言葉にかなり救われました。

「わざわざ報告に来なくていい。僕たちがそっちに行くから！」
「Ｓｋｙｐｅか電話会議でいいよ！」
「報告資料は作らなくていいよ！　現場で話を聞こう」

メンバーは、現場で必死。報告を作る時間も、本社に移動する時間すらも惜しい。そんな時間を使わせるくらいだったら、現場で汗をかかせてあげてください。あるいは、少しでも長く休ませてあげてください。

なお、プロジェクトリーダーは、現場に来てくれたユーザーの責任者に状況を説明しやすいよう、「ホワイトボードに付箋」レベルでもかまわないので、現状を見える化、説明できる化しておくといいでしょう。むしろＷｏｒｄ文書に作文した難解な報告書よりも、よっぽどポイントがわかりやすく、重宝がられます。

システムの問題地図

BUS

7丁目

「仕様ですから」「言われていませんから」

行先

使えない・残念なシステム

こうして育まれる!? ＩＴ屋の受け身マインド

「ＩＴベンダーは、言われたことしかやらない」

「情シス（情報システム部門）は、いつも受け身だ」

「ヤツら、ふた言目には『仕様ですから』とか『言われてなかったですから』とかぬかしやがる……」

「あの人たち、自分たちから提案しようとしないよね。積極性を感じない」


ＩＴ屋は～ベンダーであれ、情報システム部門であれ、営業であれ、開発であれ、運用であれ～、とかくこのようなネガティブな言葉で語られがち。請負型ＳＩ（システムインテグレーション）のビジネス形態が、働く人たちをそう振る舞わせているのかもしれません。あるいは、個人のもともとの性格のせいもあるかもしれません。が、それにしてもＩＴ屋＝受け身にとらえられ、邪険にされることが多い。受け身と言われ続け、ますます受け身になっていく。そして、ＩＴ屋が低く見られる……。この構造、どこかに根本的な原因があるに違いありません。

ＩＴ屋の受け身マインド、一朝一夕にして形成されたわけではありません。ここにも、さまざまな要因が絡み合っています。大きく、「お客（ユーザー企業）要因」と「ＩＴ業界内部要因」に分けて考えてみましょう。

お客（ユーザー企業）要因

①コストだけでベンダーを選ぶ
②いきあたりばったりで要件を変更・追加
③「提案泥棒」
④そもそも、ベンダーに対するリスペクトがない

ＩＴ業界内部要因

⑤縦割り意識
（ユーザーに対するリスペクトも信頼もない）
⑥ほかのやり方、ほかの技術をよく知らない
（メンバーのモチベーションが低い）

☑「仕様ですから」「言われてませんから」ユーザーとベンダーの空しき攻防は続く……

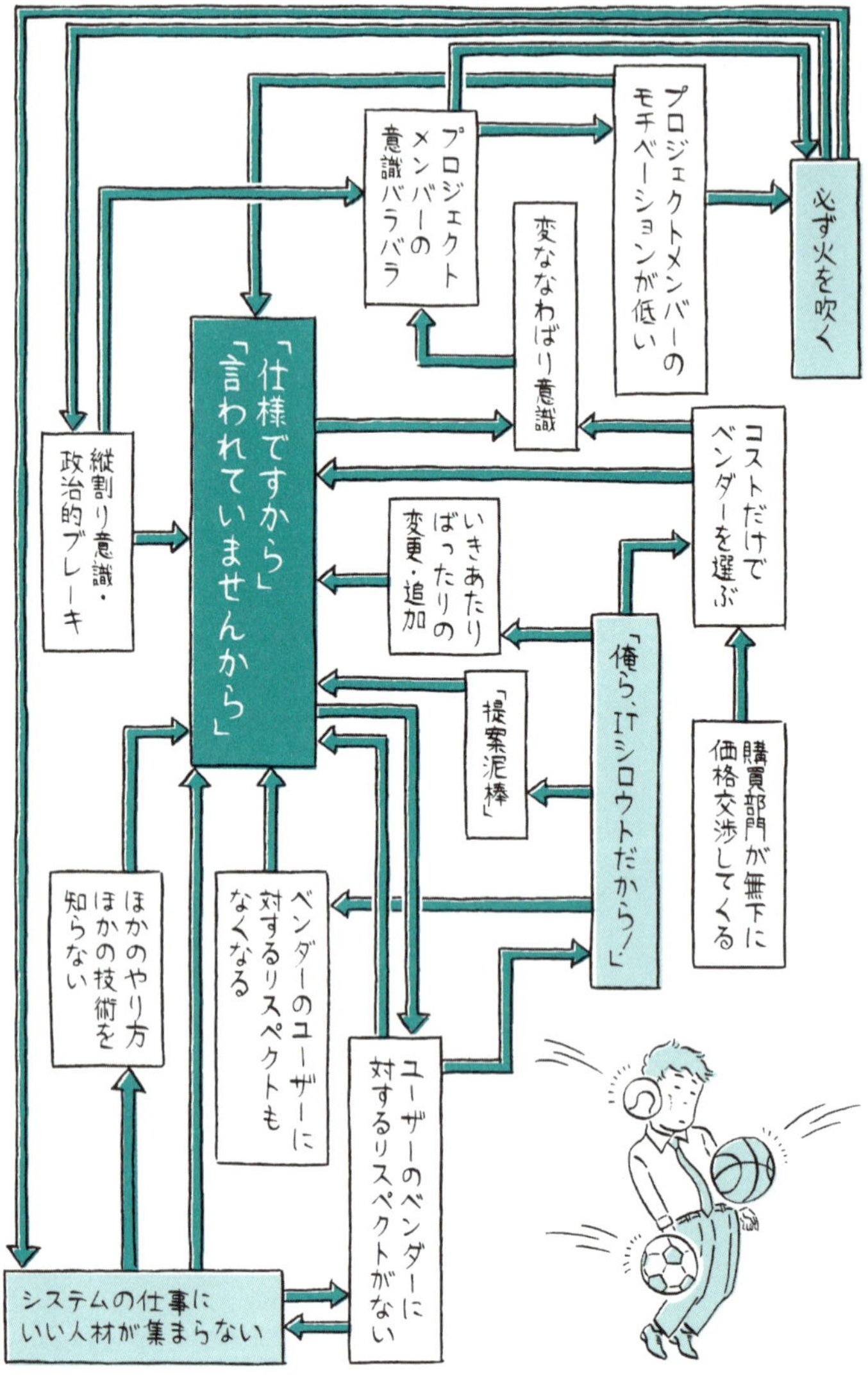

まずは、お客（ユーザー企業）の要因から。

①コストだけでベンダーを選ぶ

再び出ました、6丁目でも登場したこの問題。やはり、イロイロなところで悪さしていますね。購買部門とやらが茶々を入れてくると、もう大変。

やたらとコンペ（競合見積もりや入札）を仕掛ける

➡コストがカツカツ／スケジュールもギリギリ（コンペに時間がかかって、プロジェクトのスケジュールを圧迫するなんて本末転倒なことも）

➡ベンダーの予算に余裕がない

➡言われた以上のことをやらなくなる。余計なことを言ったら「やぶへび」

極限まで価格を下げられた。ベンダーからしてみれば、気を利かせてわざわざ付加価値のある提案なんてする義理はない。たとえ抜け＆漏れがあろうとも、それは「気づかなかったお客のせい」。こうして、着実に火吹きの道へと進んでいく……。

☑ あのぉ、知りもしないのに、ウザいんですけど

②いきあたりばったりで要件を変更・追加

出てくる出てくる、思いつきの要件変更や、エンドユーザーやお偉いさんに言われるがままの要件追加。とっくに仕様凍結しているハズなのに、おかまいなしになんのその。当然、ベンダーにとって大きなリスク。お客が抜け&漏れに気づかない限りは、知らんぷりしよう。こちらから余計なことを言って変更や追加を増やすのはやめておこう。

③「提案泥棒」

心あるベンダーが、がんばっていい提案をした。しかし、その提案内容をユーザー企業が盗む！　具体的には、ベンダーA社の提案内容を、そのまま別のベンダーB社に開示。ベンダーB社に、A社より同等の提案を安値で提示させる。提案泥棒！

こんな小ざかしい行為をユーザーが繰り返していたら、いよいよベンダーは付加価値のある提案なんてしなくなります。

④そもそも、ベンダーに対するリスペクトがない

ベンダーを業者としか思っていない。金額だけで選んだ相手。ドライな仕事、ドライな

関係。そのくせ、プロとしての付加価値を過剰に期待する。

しかし、ベンダーは守りモードで、言われたことしかやらない（あるいは、やらせてもらえない）。でもって、火を吹く。その結果、（ユーザー側にも責任があるにも関わらず）、ユーザーはベンダーを低く見るようになる。ベンダーは、ますます言われたことしかやらなくなる。さらにベンダーが低く見られる。エンドレス！

そして、ＩＴ業界内部の要因を。

⑤縦割り意識

ユーザーは、いつも無邪気に要件変更や追加を要求してくる。毎度火を吹く。しかし、コストもスケジュールもいつもカツカツ＆ギリギリ。当然、自分たちの守備範囲以外の仕事に手を出そうなんて思わなくなる。いわゆる縦割り意識。

さらに、会社間の政治的なブレーキも働く。

「それはウチの仕事じゃない。手を出すな」

「ユーザーマニュアル作成がプロジェクトのＷＢＳ（作業項目）から抜け落ちている。

後々、焦ることになりそうだ。でも、ウチ（ベンダー）はそんなの知ったこっちゃない。知らんふりしておこう」

善意あるエンジニアが、ユーザーから言われていない三遊間ゴロの仕事を拾おうとしても、営業から「やめろ」とレフェリーストップをかけられる。そして、エンジニアはどんどん受け身体質になる……。

⑥ほかのやり方、ほかの技術をよく知らない

ＩＴ屋の受け身体質の原因の１つに、「井の中の蛙」が考えられます。ほかのやり方を知らない、新しい技術やトレンドを知らない。結果として、言われたことをこなすだけの人材になってしまう。その背景には、日々の忙しさ、環境変化の乏しさ（ずっと同じ客先常駐／情報システム部門内でずっと同じ担当）、そもそもの意識やスキルの低さなどが考えられます。

でもって、そんな環境で、メンバーのモチベーションが上がるわけがない。意識バラバラ、モチベーション低空飛行で仕事するものだから、やっぱり火を吹く。ますますモチベーションが下がる。スパイラル！

この問題。なかなか根が深いとわかりました。さて、どこから風穴を開けましょうか。ユーザー、ベンダー、それぞれの立場で、できることがありそうです。

まずはユーザー企業のあなた。今一度、ベンダー選定のやり方、考え方を話し合ってみてください。毎度火を吹くシステムプロジェクト、あなたたちのベンダーの選び方、接し方に問題があるかもしれません。

とにかく相見積もり、とにかく入札、とにかくとっかえひっかえから脱却する

購買部門が強い企業であればあるほど、相見積もり、入札、発注先のとっかえひっかえが目的化しがちです。ですが、目先の見積額だけ下げても、その結果仕事の抜け漏れが発生したり、リカバリーするためのコミュニケーションコストや巻き返しのコスト、社員の残業代など内部コストが膨れ上がっては、元も子もありません。

ベンダーをコストだけで評価しない。

「ベンダーの付加価値とはなにか？　コスト以外に何を評価するべきか？」

それを議論してみてください。そのためには、ユーザーも相当な勉強と目利き力の向上が必要になります。自社の会議室でふんぞり返っていては、絶対身につきません。

コストだけ評価する。ある意味ラクな仕事ですが、やがてＡＩに代替されてしまうかもしれません。だからこそ、コスト以外でベンダーを目利きできる、技術を評価できることは、あなたの仕事の価値、市場価値を上げることにもつながります。

コストだけで、プロジェクト単位で、ベンダーをとっかえひっかえしていては、ベンダーとの信頼関係も構築できません。ましてや提案泥棒なんて、ダメったら、ダメ！　とにかくやめてください。ベンダーとの信頼関係が構築できなければ、品質が不安定になりますし、ベンダーを切り替えるための引き継ぎ、環境整備、教育などのスイッチングコストがその都度かかります。

特定のベンダーとじっくり付き合う。長期的な関係を築く。

少子高齢化でＩＴエンジニアのなり手不足が懸念されるこれからの時代だからこそ、この発想も大事。そのためには、市場に出て、さまざまなベンダーと会う、トレンドを知る、技術を目利きできるようになる。リアルな情報収集と研鑽が欠かせません。

価格で選んだ、だからこそコミュニケーションを大切に！

価格で選んだ相手。ギリギリまで値段を下げさせて受注させた相手。モチベーションが低くて当然です。だって、人間だもの。だからこそ、その相手とのコミュニケーションを大切にしてください。

・相手を会社名や職種ではなくて、名前で呼ぶ

例　×沢渡システムズさん　×ネットワークエンジニアさん　○亀山さん

・相手の仕事内容や技術に興味を持つ
・雑談の1つもしてみる
・感謝の言葉をかける

ベンダーの下請け意識、なわばり意識。発注者のあなたの振る舞い次第で、変わるかもしれません。

「交換留学」で相手の景色を見てみるのも手

たまには景色を変えてみる。ユーザーとベンダーで「交換留学」をしてみるのもいいのではは。相互に人を出向させることで、相手の仕事のやり方を知ったり、ユーザーとベンダー双方が同じ景色を見ることができるようになります。その結果、仕事の抜け漏れの予防に。

「相手目線で考える」言うは易し、行うは難し。現場のリアルな実践で身につけるのが最良の方法です。ベンダーからユーザーに出向するパターンは最近ではめずらしくありませんが、ユーザーからベンダーに行くのはレアかもしれません。ベンダー視点でＩＴ技術やトレンド、マネジメントを学ぶ絶好のチャンスです。ユーザーは、ベンダーへの出向もぜひ検討してみてください。

☑ 相手の仕事のやり方を見れば、同じ景色が見えてくる

「このプロジェクトでは何を大切にするか？どう成長するか？」プロマネはポリシーを示そう

ここからは、ベンダー側でできることを。

ユーザーとベンダー。2次請け、3次請け、4次請けの混成プロジェクト。マルチベンダー構成であればこそ、プロジェクトのポリシーの浸透は大事です。

一体感のあるプロジェクトでは、プロジェクトマネージャーが確固たるポリシーを示しています。


このプロジェクトでは何を大切にするか？

何を大事にしてほしいか？

プロジェクトを通じて、メンバーはどう成長するか（してほしいか）？

それを惜しみなく次のような言葉で表現し、常にメンバーに問いかけています。

「新しい技術に積極的にチャレンジする。その結果、納期が延びてもかまわない」
「OSSをフル活用する」
「リリース時のインシデントを50%削減する」

私が以前に参画したあるプロジェクトにて。プロジェクトマネージャーの松本さん（仮名、ベンダー企業の部長）は、「エンドユーザーにとってわかりやすい価値を提供する技術を目指す」なるポリシーを掲げ、示していました。設計レビューで、エンジニアがアーキテクチャや技術の説明を始めると、常に……

「それ、エンドユーザーにとってわかりやすい？」
「エンドユーザーにどんな価値を提供するだろう？」

このような問いかけをするのです。やがて、「エンドユーザーにとってわかりやすい価値」が現場の合言葉に。プロジェクトメンバーは、ポリシーに沿って主体的に考えて行動するようになりました。もちろん、1次請け、2次請け関係なく、ポリシーに沿った提案はオープンに受け入れるプロジェクトマネージャーや現場のリーダーの度量も大事。その結果……

「松本さんのプロジェクトに参画すると、エンジニアが成長する」

そんな評判が生まれました。やがて、

「うちの若手を、松本さんのプロジェクトで鍛えてやってください」

「私も、勉強したいです！」

と、2次請け、3次請けのベンダーが手を挙げるようになったのです。

チャレンジさせてくれるリーダー、わかりやすいリーダー。多様性のあるチームだからこそ、大切です。

☑ プロマネはポリシーを示そう

過度な客先常駐を解消、たまには帰社日を設けて社内コミュニケーションを

客先常駐の常態化。請負型ＳＩや運用の会社でありがちな光景です。しかし、これはエンジニアを不幸にしてしまいます。

「ほかの現場のことがわからない……」
「ほかのやり方やトレンドを知らない……」
「新しい技術を習得できない……」

井の中の蛙になってしまいがち。せめて、たまには帰社日を設けて、自社のほかのエンジニアと触れたり、情報に触れられる機会を作りましょう。

日本ビジネスシステムズ（本社：東京都港区）は、社員のコミュニケーションの拠点として社員食堂を活用しています。Ｌｕｃｙ'ｓ ＣＡＦＥ ＆ ＤＩＮＩＮＧと名づけられた、まるでカフェやバーを思わせるオシャレな社員食堂。社員がわざわざ戻ってきてでも、同

じ会社の仲間とコミュニケーションしたくなるよう、本気で食堂を改革したといいます。

こういった仕掛けも、社員を井の中の蛙にしないためには大事です。

外の風に触れてもらって成長を促そう

断言します。エンジニアを毎晩夜遅くまで／休みなく現場にいさせてはダメです。たまには（時には半強制的にでも）、外の風に触れさせてあげましょう。エンジニア同士の勉強会、業界のフォーラム、技術を軸にしたミートアップなど、まわりを見回せばチャンスはたくさん転がっています。

- **エンジニア同士、技術に関する議論をたたかわせる**
- **社外のロールモデルを見て刺激を受ける**
- **新しい技術を知る、潮流を知る**

それがエンジニア自身を成長させ、価値あるアウトプットにつながります。

ベンダーとユーザー、立場は違えど、同じゴールを目指す仲間です。同志です。ドライに境界線を引いて、お互いが責任の押し付け合いをして、その場はしのげるかもしれません。でも、それでは人も組織も成長しない。なにより、お互い受け身で仕事をしていてもつまらない。そして、つまらない現場におもしろい人、優秀な人は集まりません。

未来のためにも、そろそろ現場の景色、変えていきませんか?

システムの問題地図

BUS

8丁目

システムの仕事にいい人材が集まらない

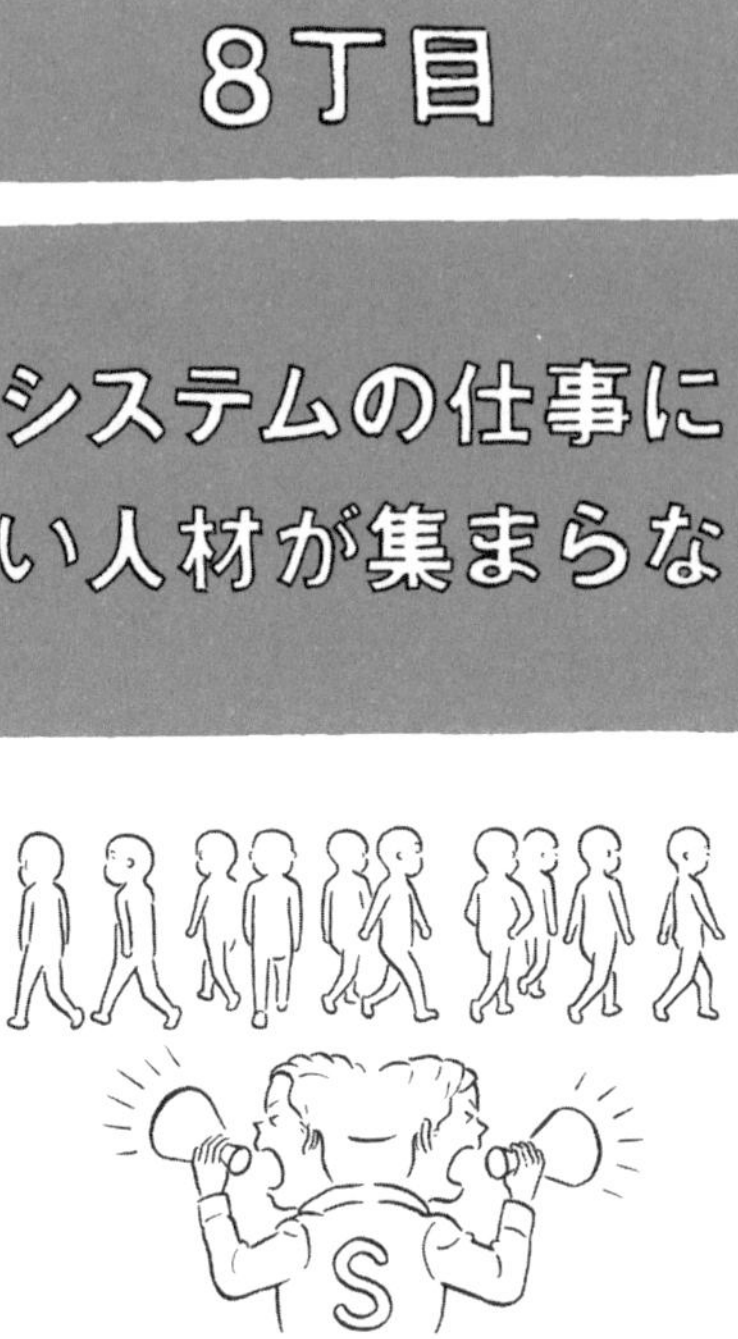

行先

使えない・残念なシステム

いよいよ最終章です。これまで見てきた、グダグダ状態&悲しい景色をほったらかしにしておくとどうなるか？　街の人の声に耳を傾けてみましょう……。

「ＩＴ業界には就職したくない」（by就活生）

「情報システム部への配属だけは、死んでもイヤです！」（by新入社員）

「もうＳＥの仕事は疲れた。他業種に転職しよう……」（byベンダーの社員／ユーザー企業の情報システム部の社員）

「……システム担当に異動になった。公募で脱出したい！」（byユーザー企業のシステム担当）

「悪いことは言わない。ＩＴ業界だけはやめときなさい……」（by就活生の親）

当然、システムのオシゴトにいい人材が集まらなくなります。ただでさえ少子高齢化、労働人口減少が危惧されているこれからの時代。この流れを止めないと、いよいよマズいことに！

いい人材が集まらない

↓ますます手戻りや失敗プロジェクトが増える

⬇デスマーチが加速する
⬇待遇も悪くなる
⬇いい人材がより集まらなくなる

あるいは

いい人材が集まらない
⬇エンジニアが切磋琢磨しあえない／いい仕事やおもしろいチャレンジをできる仲間がいない
⬇やりがいがなくなる
⬇辞める

労働時間の面でも、お金の面でも、やりがいの面でも、マイナスのスパイラルに。ベンダーであれ、ユーザーであれ、それぞれの立場で、この問題に真摯に向き合う必要がありそうです。

☑ そりゃあ、そんな仕事はイヤだよね……

なぜ、大変な仕事なのにリスペクトがない、プレゼンスが低い？

考えてみれば、システムの仕事はなかなか大変です。

知識や資格が必要。常に勉強と技術力の研鑽が求められる。
労働時間も決して短くない。
コミュニケーション、人間関係の調整や、気遣いも求められる。

しかも、大変なわりに、収入が多くない。その状況、いっこうに改善されないし、むしろ年々酷くなる。どんな背景が考えられるでしょうか？

①ユーザーが無下に価格交渉してくる

・なんでもかんでもコンペ（競合）して、ベンダー同士を疲弊させる。自社内（情報システム部門など）にも余計な仕事を増やす

☑ 深刻化するIT屋の人口減少

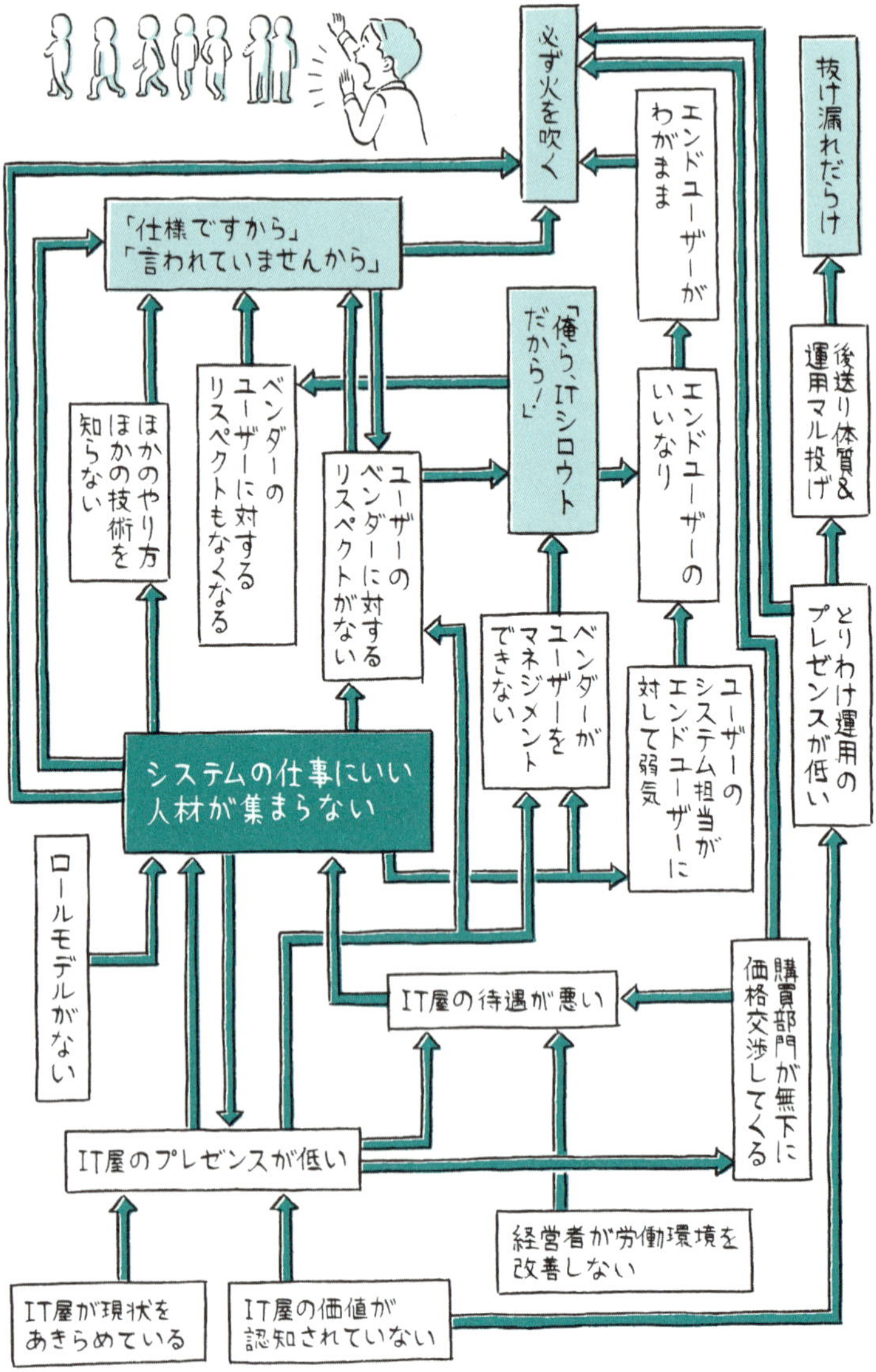

・内容も現場の実態もわかっていないのに、「金額を下げろ」と強要する
・要件を追加して工数増になるにも関わらず、ゴネて追加分のお金を払おうとしない
・現場はカツカツ、手戻りや品質低下が発生。ベンダーも自社内（情報システム部門など）も残業の嵐
・「運用なんてコストでしかないよね。人数減らして、安くしてよ」

その結果、タダ働きが大量発生。こうして、システム作り／システム運用に関わるすべての人がアンハッピーに。

②経営者が労働環境を改善しない

もちろん、ベンダーの経営にも問題ありです。

・ユーザー、自分たちより請負次数が上のベンダーの言いなり
・安値で受注し続ける
・人月商売を変えようとしない
・儲けはあるのに、社員に還元しない

でもって、優秀な人や若い人は次々に辞めていく。体を壊して倒れていく。突然失踪する……。

③ユーザーのベンダーに対するリスペクトがない

こんなにも一生懸命がんばってるのに、見えないところでシステムを必死に守っているのに、ユーザーから感謝されない。コストとしか思われない。よって、待遇がよくなるわけがない。

そのくせ、トラブルがあると猛烈に怒られ、タブロイド週刊誌のごとく、槍玉に挙げられる。すなわち、リスペクトされない。仕事とはいえ、やってられないですよね。人間だもの。

④ロールモデルがない

その職種におけるロールモデル＝理想の人材像がない。開発系、とりわけＷｅｂの領域などでは気鋭のエンジニアがトークライブイベントをやったり、メディアに登場したりと目立っていますが、特に運用系は元気がない。運用職種の人に「いままでに『この人すごい！』って思った理想の上司や先輩って、いましたか？」と聞いても、答えが返ってこない。

ロールモデル不在。それでは、先行きが不安になって当然です。なんていいましょうか、

システムの仕事のプレゼンスが低い

仕事の価値を示せていない。大変さをわかってもらえていない。だから、ベンダーは購買部門に対しても強気になれない。素人ユーザーの開き直りによる横暴さにブレーキをかけられない。情報システム部門やシステム担当者は、ユーザーになめられる。本人たちも

「どうせ変わらない（変われない）しさ……」

と現状を諦めてしまっている。それでは、いつまでたっても地位は向上しません。

「システムの仕事をしている人たちって、何やっているの？」

ベンダーであれユーザーであれ、プロジェクトマネージャーであれ、ＩＴサービスマ

ネージャーであれ、Ｗｅｂのフロントエンジニアであれ、バックヤードのインフラエンジニアであれ、この問いに答えられるようにならなければ、認知もプレゼンスもへったくれもありません。まずはここから！

自分の仕事と価値を説明できるようになる

草の根レベル、しかし最も重要な取り組み。

自分は、自分のチームは、どんな仕事をしているのか？
だれに、どんな価値を提供しているのか？

それをシロウトでもわかるように説明できる。それができなければ、「よくわからないけれど、忙しそうな人たち」「コストだよね」としか思ってもらえなくて当然。

- **新技術を取り入れたことによって、お客さんの業務スピードがこれだけ速くなった**
- **改善により、システム障がいを発生させずに、安定運用できている**

・こんな取り組みで、システム障がいからの復旧がこれだけ迅速になった
・システム障がいがこれだけ発生しているにもかかわらず、ユーザーに影響があるトラブルは発生させていない。なぜなら……

自分たちの価値をどうやってわかりやすく説明するか？　ぜひ、チーム単位で話し合ってみてください。

企業を超えた職種のブランディングを

これからの時代、職種の認知向上活動もますます重要になってくるでしょう。人気職種と不人気職種の差が広がり、不人気職種はますます人材の獲得・維持が厳しくなります。ベンダー、情報システム部門、開発、運用……職種ごとに「どんなことをやっていて」「どんな価値を生み出していて」「こんなイイことがある」「こう成長する」を示していかないと、いい人材は集まらないでしょう。

「何を言っている、ＩＴの価値は心でわかってもらうものだ。伝えなくても、いい仕事を

すればわかってもらえる」

そうおっしゃるベテラン経営者や技術者もいます。でもね、残念ながら、言葉にしないとやっぱり価値は伝わりません。少子高齢化による労働人口減少が進む昨今、「伝えなくても伝わる」なんて悠長なことは言ってられなくなってきました。きちんと言葉で説明しなければ、システムの仕事の価値はわかってもらえませんし、いい人材も集まりません。

職人の世界でも、たとえば「畳職人の仕事とはなにか?」「鋳造技術者の醍醐味は?」など、職種のブランディングが盛んにおこなわれてきています。その結果、女性が興味を持ってチャレンジしたりなど、いままでなかった変化が起こり始めています。そういった職種のブランディングには、会社の壁を越えた連携もカギ。ぜひ、同業他社同士、あるいはベンダーとユーザー、つながりあって盛り上げていきましょう。

ブランディングには、大きく2つの活動があります。

・エクスターナルブランディング

➡外に対する認知向上、価値伝達の取り組み

例 就活生に向けた職種のPRイベント活動。メディアを使った認知向上活動。

非IT部門に対する認知向上活動

・インターナルブランディング

↓「中の人」たちに対する意識づけ。所属意識や一体感向上の取り組み

例 情報システム部門の部内イベント。部内報を通じた一体感や誇りの醸成。チャレンジしているおもしろい人材の紹介。社内／社外のエンジニア同士の交流イベント活動

エクスターナルブランディングとインターナルブランディングは両輪であり、かつ連鎖の関係にあります。エクスターナルブランディングを強化して、外の人たちのＩＴ職種に対する認知が向上すれば、中の人たちはリスペクトを感じ、自分たちの仕事に誇りを持つようになります（すなわち、インターナルブランディングにつながる）。

自分の仕事に誇りを持てれば、自分たちの仕事の内容や価値を堂々と示すようになります。

「お、自分と同じ運用部隊に、こんなオモロイやつがいたんだ。だったら、もっとがんばってみようかな！」

と、仕事がおもしろくなります。胸を張れるようになります。外の人に対する価値伝達、すなわちエクスターナルブランディングにつながるのです。エクスターナルブランディングとインターナルブランディングはブーメランのような相乗効果があります。

「ウチの情報システム部門は使えない」
「情シス飛ばし」

情報システム部門の人にとっては耳の痛いこれらのフレーズ。負けじと、情報システム部門の認知向上、価値向上に取り組んでいる企業も出てきています。具体的な取り組みを3つ紹介します。

情報システム部通信を発行する

情報システム部は、月1回程度、全社員にメールマガジンやイントラネットで情報誌を

☑ 2種類のブランディングで相乗効果をねらえ！

発行してみましょう。

・メンバーの顔ぶれや仕事内容を紹介
・プロジェクトの取り組みや舞台裏を、写真つきで解説
・社外で登壇した講演会、他社との交流の様子をレポート
・新しい技術のトレンドや日々の業務改善に役立つヒント（Ｅｘｃｅｌの小技など）を紹介
・お願い事項（システム操作の仕方、ヘルプデスクへの問い合わせの仕方）を伝達

「まずは、自分たちを知ってもらう」すべてはそこからです。

システムの活用の仕方を説明してあげる

最近、マイクロソフトのＯｆｆｉｃｅ３６５を全社導入する企業が増えてきました。ところが、ユーザーは……

「何を、どう操作したらいいのか、わからない！」
「そもそも、どんな機能があるのかもわからない！」

現場は混乱。そこで、情報システム部の出番です。ユーザーに説明してあげましょう。

- **キャラバン期間を設けて、各事業所や工場を行脚し、機能や使い方を説明するイベントを実施**
- **メールマガジンや通信（前述）、動画などを通じて、使い方をわかりやすくサポート**

そのような活動によって、ユーザーに感謝されている情報システム部門もあります。ともすれば「マニュアルを読んでください」「ここ（社内ポータルの深いところ）見てください」とそっけない対応で終わらせてしまいがちなユーザーサポート（そして、だから情報システム部門は嫌われる）。ここはひとつ、ヒューマンな対応で信頼を獲得しましょう。

シャドーITをあえて引き取る

ユーザー部門が、情報システム部門に断りなしに、部門予算で勝手に立てて運用しているＩＴシステム。情報システム部にとって腹の立つ存在であることはまちがいないですが、あえて笑顔で巻き取ってみては？

セキュリティリスクやらガバナンスやらが厳しくなり、加えて技術の進化が加速している昨今、ユーザー部門がＩＴシステムを維持運用するのが知識面でもスキル面でもつらくなりつつあります。ユーザー部門が手に負えなくなって、情報システム部門のあなたに泣きついてくるケースもあるでしょう。その時、「あんたたちが勝手に立てたんじゃないか。面倒見ない！」と突っぱねてしまったら、そこで試合終了。信頼関係が回復することはないでしょう。

ここはひとつ、過去は水に流して、こう言ってみてください。

「喜んで、ウチが引き取りましょう！」

ただし、予算や人もセットで引き取らないと後日痛い目を見るので、要注意。情報システム部門にとっては、一見悩ましく腹立たしいシャドーＩＴ。復権の手段として、見直してみてください。

「これだから、ＩＴ屋は頼りにならないんだ……」
「ウチの情報システム部門は使えない！」

そんなこと、言わせ続けていたらダメ！

経営者は率先して労働環境の改善を！

職種間での人の取り合いが激化する時代。経営者は、率先して自社やＩＴ職種の労働環境を改善していきましょう。部単位、課単位、チーム単位でもかまいません。ユーザー企業の立場、ベンダーの立場、それぞれでやれることはあります。

ユーザー企業にやってほしいこと

・経営者がＩＴに率先して触れる／ベンダーのトップと会う

自社におけるＩＴのプレゼンスを高める。そのためにも、率先してＩＴを知ってください。また、経営者はＩＴベンダーのトップと接触し、自らのＩＴリテラシーを高めるとともに、自社にとってＩＴが重要であることを態度で社員に示しましょう。

・わからないなら、ＩＴ部門やベンダーにきちんと任せきる

とはいえ、ＩＴは難しい、進化も速い。わからないものはわからない。であれば、わからないなりに、ＩＴ部門やベンダーにきちんと任せきりましょう。

ただし、予算をきちんと確保する。コスト扱いして買い叩かない。そして、経営判断を求められたときはきちんと向き合い、判断する。経営とＩＴの相互リスペクトが生まれるようなマネジメントが大事です。

・社内報や社内イベントでＩＴ部門の露出を高める／光を当てる

普段なかなか目立たないＩＴ部門。社内報や、年度のキックオフ、年初式などのイベントで、ぜひ人や取り組みを紹介してください。

ベンダー企業にやってほしいこと

・労働環境の改善を経営方針として掲げる

かつて離職率3割近い、いわゆる「ブラック企業」だったサイボウズは、いまは働き方改革のパイオニア的存在。そこには、単なる人事戦略ではなく、経営戦略として働き方改革を進めてきた同社の意気込みと腹決めがあります。

働き方改革は、人事施策ではありません。広報施策であり、経営戦略です。目先の時短に走らない、本当の働き方改革を進めましょう。

・無茶な仕事は受けない。「ブラック顧客は切る」くらいの行動を！

SCSKも、「スマートワーク・チャレンジ」の名のもと、ありとあらゆるワークスタイル改善の取り組みを進めてきました。トップや管理職のレベルで、顧客に施策の趣旨を説明し、無茶な仕事は受けない。無理難題を言う顧客との取引はやめる。そのような強硬策も功を奏し、「SCSKは社員に無茶な働き方をさせない会社」のイメージができあがってきたと言います。

「ブラック顧客は切る」

このくらいの覚悟も必要なのです。

システムの仕事にこそ働き方改革を！

システムの仕事は、いま最も働き方改革が求められている業種の1つでしょう。

ヤマト運輸をはじめとする運送業界は、近年、物量増加とドライバーの労働環境悪化が社会問題に。「再配達を減らそう」「値上げを認めよう」などの世論が生まれ、後押しとなり、働き方の改善が進んできています。わがままユーザーは悪とみなされるようにすらなりました。

一方で、システムの仕事は？　まだまだ、改善の余地がたんまりあります。

ユーザー、ベンダー、1次請け、2次請け、3次請け、購買部門、ユーザー部門、情報システム部門……それぞれが、それぞれの立場で

「これってウチのわがままだよね」

「後工程に迷惑だよね」

「この仕事のやり方、変えませんか？」

さらには立場を越えて

「これ、お互い無駄だから、やめましょう」

と話し合わなければいけない時が来ています。

働き方改革ムードを追い風に、「ムリ」「ムダ」「おかしい！」を本音で言っちゃいましょう！　ＡＩなどを活用した自動化による業務負荷の軽減も積極的に議論して、取り入れていく必要があります。

「想像してみてください。あなたのそのワガママ。あなたが我慢すれば、何人の下請けの人たちとその家族の笑顔が守られるかを」

システムに関わる者同士、会社を越え、立場を越えて、働き方をよくしていきましょう。

ちょっとした気遣いで、エンジニアのモチベーションも生産性も変わる

エンジニアは、自分が大切にされていないと思うと、(口には出さなくとも)モチベーションを下げます。また、途中で思考を停止させられると生産性が大きく低下し、リカバリーのロスを生みます。

- 報連相は時間を決めてする(いきなり話しかけない)
- 説明資料づくりは最低限に
- 電話を廃止、あるいは当番を決めて出るようにする
- 執務スペースは広くとる(キッツキツ／ギュウギュウ詰めの作業者部屋を避ける。フリーアドレスも要検討)
- マシン(PC)は、なるべくいいスペックのものを準備する。ディスプレイも、できれば大型でデュアルディスプレイに

・自然と会話が生まれるような、オープンスペース／カフェスペースを設置する
・カジュアルな服装ＯＫとする
・フレックスタイム制を導入する

ちょっとした気遣いや気配りがあるだけで、エンジニアのモチベーションも生産性も大きく変わります。「働き方改革」なんていうと大げさで、ともすれば堅苦しくなりがち。忙しくて大変な現場だからこそ、そこでがんばる人がリスペクトを感じられる環境を作りたいもの。まずは、工夫レベルでかまいません。できることから始めてみましょう。

立場を越えて、現場の空気を変えよう

「ＩＴ人材が足りない！」

この嘆きの声も、最近あちこちで聞かれるようになりました。
経済産業省の調査によると、日本のＩＴ人材（ＩＴ企業およびユーザー企業の情シスに所属する人）は92万人。需要に対して、およそ17万人が不足している状態だそうです。こ

こに、少子高齢化による労働人口減少のボディーブローが。

ＩＴ需要は拡大傾向。ＩＴ人材不足はいよいよ深刻化しつつあります。このままＩＴ需要が拡大し、かつＩＴ人材が減り続けた場合、２０３０年には79万人が不足すると推計されています。

ＩＴ人材が足りない!?　足りなくて当然です。ユーザー企業はＩＴ技術者へのリスペクトがなく、「シロウトだから」と開き直って価格を叩く。ベンダーに無茶な要求をごり押しする。多重請負構造の下にいけばいくほど、無理・無茶が増幅されて、地獄絵図に。そんな職種に、だれが就きたいと思うでしょうか？

「でも、それってベンダー側のマネジメントの問題だよね。うちらユーザーだから、関係ないもん♪」

おやおや、本当にそうでしょうか？　ユーザーも油断してはいられません。

以前、私が自動車会社（すなわち、ユーザー）に勤めていた頃の話。部課長が「俺ら、ＩＴシロウトだから！」気質で、ベンダーに対して（社内に対しても）横柄な振る舞いが目立つ情報システム担当課長がいました。その担当の下の若手はみな、「あんな残念な人間にはなりたくない」と口をそろえて言ってましたっけ。やがて、異動希望を出して他部署に移籍する。あるいは、辞めて転職する。当然、人手不足になる。そうすると、何も知らない新入社員を配属するしかない。そして、毎年「ご愁傷様です」ってまわりから哀れみのまなざしで見つめられながら、純粋な新入社員が疲れはてていく……。

だれも幸せにしません！

ただでさえ、少ない人口で労働を成り立たせなければいけないこれからの時代。ベンダー、ユーザー関係なく、IT職種にいい人材を獲得して、よりいい仕事をするためにも、そろそろ現場の空気を変えていきましょう。

おわりに

「そんなことは、情シスに考えさせればいいんだ」

自動車会社の業務部門でシステム担当をしていた頃、上司やまわりのメンバーがよく口にしていた言葉です。

曰く、「自分たちはＩＴのプロではない。だからＩＴのことはすべて情報システム部門に任せておけばいい。ＩＴプロジェクトがうまくいかなければ、それは情シスのせいだ」。

私はこの考え方が苦手でした。大嫌いでした。

常に自分たち業務側こそが正義と考え、何かあれば「ウチの情シスは使えない」と陰口を叩く。あるいは、ベンダーを非難する。なに、この斜め上から目線。

なぜ、ＩＴサイドに寄り沿おうとしないのだろう？　同じゴールを目指す仲間たちなのに、開き直って叩いてばかり。もう少しＩＴの知識を身につけて、彼らと同じ言葉や景色で仕事すればいいのに。

このままでは自分が成長しない。時間ももったいない。いつまでたってもＩＴシロウトのまま。せっかくＩＴに関わっているのだから、ＩＴのマネジメントや技術を自分でも身につけたい。

観客席の立場にもどかしさを感じ、日に日に好奇心と焦りの気持ちが強くなります。

「この際、ＩＴの世界にどっぷり浸かってみよう」

そして転身を決意。齢31にして、ＩＴ企業に転職しました。

「え、なんでわざわざユーザー企業からＩＴベンダーに転職するの？」

私の転職を知った人たちからは、こう言われました。たしかに、風変わりな選択かもしれません。

ＩＴベンダーからユーザー企業に転職する人は多いものの、その逆は珍しい。「物好きなヤツ」と思われて当然でしょう。それでもよかった。ＩＴ屋とも業務屋ともつかない、中途半端な立場ではいたくなかった。それ以上に、ＩＴの世界の奥深さに惹かれていたのです。

転職当初の配属は購買部門。オフショアＢＰＯ（ビジネスプロセスアウトソーシング）の立ち上げ、および新たな認証基盤の仕組みの立ち上げ。その後、情報システム部門と事業部門（ネットワークソリューション事業部）に異動し、ＩＴサービスマネージャーとして、社内とお客様向けのシステム運用管理やグローバル運用統合を経験します。

ユーザーからベンダーへ。企画から運用へ。どんどんディープな世界に。
現場で日々、仲間たちと汗をかく日々。そこで私は、肌身で実感しました。

「ＩＴの世界であたりまえとされている考え方やマネジメントフレームワークは、ＩＴ以外の分野でも役に立つ」

考えてもみれば、ＩＴ／非ＩＴに関わらず、あらゆるビジネスは、いいえ、私たちの生活そのものも、いまやＩＴの利用が前提です。その〝あたりまえ〟を支えている、ＩＴ業界のやり方。すばらしくないワケがない。

「ＩＴのマネジメント、ユーザーも知らないともったいない！」

いま、私は心からそう感じています。そして、あの手この手で、ＩＴマネジメントをＩＴ以外の人たちにも知ってもらって、世の中の課題解決につなげたいと思い、試行錯誤しています。

（累計13万部の前著『職場の問題地図』『仕事の問題地図』は、ＩＴ業界のマネジメント手法を一般向けに噛み砕いた本です。だって、「プロジェクトマネジメントの本」「ＩＴサービスマネジメントの本」なんていうと、一般の非ＩＴの人たちは興味もってくれないでしょ！（苦笑））

一方で、ＩＴ業界の闇もたくさん見てきました。

多重請負構造。
マル投げ体質。
変わらぬ人月商売ビジネスモデル。
失敗プロジェクトの数々。
コスト偏重の過剰な競合。
それらに起因する、ブラックな職場環境……

極めつけは、ユーザー企業とベンダーの間に立ちはだかる高い壁。業務と情シスの仲の悪さ。営業／開発／運用／本社のいがみあい。同じゴールを目指す仲間なのに、一体感もなければ、相互リスペクトもない。

もう、いい加減にしようぜ！

私はさまざまな立場を経験してきたからこそ、おのおの言い分はよくわかっているつもりです。
でもね、お互い裏で愚痴や陰口をたたきあっているだけでは、なにも解決しません。愛するＩＴを、昨日より少しでもよくしたい。いがみあっている景色を変えたい。若手が夢を持って活躍できる職種にしたい。その思いが募り募って、今回筆を執りました。そして、現場のリアルをさらけ出しました。

本書の執筆にあたり、多くの知人、友人、先輩方の知見をお借りしました。

ＩＴサービスソーシング研究会（ＩＴ業界の有志で不定期におこなっている勉強会）の仲間～とりわけ、丸居玄明さん（リクルートテクノロジーズ）、野町直弘さん、小関陽介さん、石川智恵さん、稲葉祥紀さん、加藤明さん、中塚祥子さん、横山加代子さん、蔵岡正剛さんには多くの生の声をいただきました。また、Ｗｅｂフロントエンジニアのしもさんほか、現役エンジニアの方々からも有意義なフィードバックをいただけたこと、この場を借りてお礼申し上げます。おかげさまで、多様な視点での考察と提言ができたと確信しています。こうした、立場を越えたオープンな意見交換やディスカッションができるのも、ＩＴ業界の人たちのよさであると改めて実感。大変誇りに思います。

（本文に引き続いて）最後に、読者のみなさんにもう一度お聞きします。

あなたの組織の価値は何でしょう？
その組織で、メンバーは何を学んで、どのように成長できるのでしょう？
あなたの会社のＩＴ人材のロールモデルは？
ひいては、あなたの組織は会社は、どこで、どう勝っていくのでしょう？

これに答えられなければ、組織の価値も人の成長もありえません。
最近では、ユーザー企業でも心ある情報システム部門のトップや、思いある業務部門のＩＴ組織長が「ＩＴ組織の社内プレゼンス向上」を掲げて、さまざまな取り組みをおこなっています。「脱情報システム部門」が叫ばれる中、胸を張ることのできる人材を育成したい。他部署でも活躍できる人に育てたい。そういう組織は、ベンダーの求心力も高く、ともによい仕事ができるパートナーとして良好な関係を築くことができています。

ＩＴの世界のマネジメントの考え方やフレームワークはすばらしい。世の中の課題を解決する武器を十分持ち合わせている。ユーザーとベンダー、立場は違えど、しっかり学習し、実践していけば、まちがいなく活躍できる価値ある人材になれるのです。喧嘩やすれ違いはもうやめましょう。

私たちの価値をどう上げるか？
どう業界をよくするか？

ときに会社も立場も越えて、真剣に議論しませんか？
悪しき慣習はなくし、仕事のやり方を変え、システムの仕事を本気でよくしていきましょう！　これからあなたたち、いいえ、私たちの本気が試される時です。

すばらしきシステムの、明るい未来を信じて……

沢渡　あまね

2017年冬　船明（ふなぎら）ダムのほとりにて

沢渡《さわたり》あまね

1975年生まれ。あまねキャリア工房 代表。業務改善・オフィスコミュニケーション改善士。日産自動車、NTTデータ、大手製薬会社などを経て、2014年秋より現業。企業の業務プロセスやインターナルコミュニケーション改善の講演・コンサルティング・執筆活動などを行っている。ユーザー企業でのシステム担当、IT購買担当、ベンダー企業でのITサービスマネージャー、プロジェクトマネージャー、および認証基盤の運用エンジニアなど、ITシステムを選定する立場／使う立場／作る立場／運用する立場いずれの経験も豊富。著書に『職場の問題地図』『仕事の問題地図』『働き方の問題地図』『職場の問題かるた』（技術評論社）、『チームの生産性をあげる。』（ダイヤモンド社）、『新人ガールITIL 使って業務プロセス改善します！』（C&R研究所）などがある。CodeIQ MAGAZINE（リクルートキャリア）でマンガ『運用☆ちゃん』を連載中。趣味はダムめぐり。

【ホームページ】http://amane-career.com/

【Twitter】@amane_sawatari

【Facebook】https://www.facebook.com/amane.sawatari

【メール】info@amane-career.com

【運用☆ちゃん】https://codeiq.jp/magazine/category/investment

装　丁	石間 淳
カバー・本文イラスト	白井 匠（白井図画室）
本文デザイン・DTP	小林麻実（TYPEFACE）
編　集	傳 智之

お問い合わせについて
本書に関するご質問は、FAX、書面、下記のWebサイトの質問用フォームでお願いいたします。電話での直接のお問い合わせにはお答えできません。あらかじめご了承ください。ご質問の際には以下を明記してください。
・書籍名　・該当ページ　・返信先（メールアドレス）

ご質問の際に記載いただいた個人情報は質問の返答以外の目的には使用いたしません。お送りいただいたご質問には、できる限り迅速にお答えするよう努力しておりますが、お時間をいただくこともございます。なお、ご質問は本書に記載されている内容に関するもののみとさせていただきます。

問い合わせ先
〒162-0846　東京都新宿区市谷左内町21-13
株式会社技術評論社　書籍編集部「システムの問題地図」係
FAX：03-3513-6183　Web：http://gihyo.jp/book/2018/978-4-7741-9463-9

システムの問《もん》題《だい》地《ち》図《ず》
～「で、どこから変《か》える？」使《つか》えないIT《アイティー》に振《ふ》り回《まわ》される悲《かな》しき景色《けしき》

2018年2月28日　初版　第1刷発行
2018年3月17日　初版　第2刷発行

著　者　沢渡《さわたり》あまね
発行者　片岡巌
発行所　株式会社技術評論社
東京都新宿区市谷左内町21-13
電話　03-3513-6150（販売促進部）　03-3513-6166（書籍編集部）
印刷・製本　株式会社加藤文明社

造本には細心の注意を払っておりますが、万一、乱丁（ページの乱れ）や落丁（ページの抜け）がございましたら、小社販売促進部までお送りください。送料小社負担にてお取り替えいたします。

ISBN978-4-7741-9463-9　C3036
Printed in Japan